日本の偉業

20世紀に日本がしでかしたこと

古居雄一
FURUI Yuichi

文芸社

はじめに

「日本とはどんな国なのでしょうか」

「世界の中の日本の立ち位置はどんなところにあるのでしょうか」

そんな疑問を持ったことはないでしょうか。

私自身は中学校時代までそんなに勉強ができるわけではありませんでしたし、どちらかというと引っ込み思案でしたので、自分自身の存在価値がわからず、若い頃はずっといつか日本を脱出したいと考えていました。

そんな自分が大学時代から日本のことを見つめ直し始め、今、退職をして人生の終わりに近づいた時になって、自分が日本人として生まれ、日本人として生きてこられたことを誇りに思えるようになりました。私の「日本観」はどう変わったのでしょうか。

2024年1月1日、能登半島で大地震が起きました。当初私は鳥取地震を思い出し、北陸のほうは家屋がしっかりしているし、それほど犠牲者は多くならないのではないかと楽観視していました。しかし、その後の報道を見てみると、我々の想像以上に巨大なエネルギーが放たれ、多くの家屋が倒壊し、犠牲者も200名を超えたことがわかりました。また、生き残った多くの人々が避難所で苦労して支え合って毎日を過ごしていました。家をなくし、身内の家族を亡くし、大変な思いをしながらの避難生活だと思いますが、パニックにはならず、支援を待ちつつ秩序だった生活を続けていました。もちろん暴動はありません。2016年の熊本地震、鳥取地震でも暴動は一切起きませんでした。

2011年3月11日、東日本大震災が起きて、東北から関東にかけて大混乱に陥りましたが、被災者の人たちの援助に対する整然とした対応、そして何より暴動が一切起こらなかったことに世界中が驚愕しました。さらにさかのぼって1995年（平成7年）1月17日の阪神大震災の時も、同様に破壊されたコンビニの前で並ぶ被災者の人たちの姿に世界中がびっくりしました。身近な人たちが何人も亡くなってしまったこのような大災害に冷静に対応する日本人の姿は世界中に報道され、このような大災害の後にもかかわらず、日本にやってくる外国人訪問客の数が減ることはありませんでした。

しかし、約100年前の1923年、関東大震災の際にはこの日本人が悪魔と化して在日朝鮮人を虐殺したとのウワサがあります。そして1937年、当時の中華民国の首都、南京を落とした日本兵たちは悪魔と化して南京市民を虐殺したとも言われています。関東大震災の時は、ロシア革命の後で、共産主義革命の思想が広まっていたという事情がありました。また、南京では戦時中という特殊な事情がありました。

しかしながら、これらの「虐殺疑惑」を否定する検証を載せた本が何冊も出ています。その詳しい検証は『関東大震災「朝鮮人虐殺」はなかった!』(加藤康男著:ワック)、『ザ・レイプ・オブ・南京の研究:中国における情報戦の手口と戦略』(藤岡信勝・東中野修道著:祥伝社)などの本にお任せすることにします。

私が生まれたのは1959年(昭和34年)3月です。その年の9月に伊勢湾台風が愛知県を襲い、我が家も浸水の被害を受けました。私自身は生まれて半年ですので、まったく記憶はありませんでしたが、その後、何度も祖母や母親からこの時のことを聞かされてきました。1959年といえば、終戦の1945年から14年しか経っていません。その1945年の1月には三河地震があり、この地方は大きな被害を受けていました。母親から、「この辺は戦争の時は空襲で色んなものが破壊され、追い打ちをかけるように地震で住む家を破壊された。そしてようやく立ち上がろうとした矢先に伊勢湾台風でまたすべてを流されてしまった。当時は国も大変だった時代だったので、そんなに援助や支援もなかったけれど、それでも自分たちで必死になって立ち上がったんだよ」と聞いていました。

おそらく、この地方はそんな度重なる試練にも負けず自分たち自身の力で立ち上がったから、現在、これほどさまざまな産業が豊かなところとなっているのだと思います。私は母の話を聞くたびに、「この辺の先人たちは根性のある人だったんだな」と感じました。

しかしそんな先人たちが戦争で海外に出兵した時、現地で「悪魔」に変わったのでしょうか。

「第二次世界大戦とはどんな戦争だったのでしょうか」

「日本はなぜ世界を敵にして戦うことになったのでしょうか」

「日本はどのようにして敗戦したのでしょうか」

高校を卒業するまではまったくそんなことを考えていませんでしたが、大学で外国語を専攻し、海外に目を向けるようになると、そんな疑問が浮かぶようになりました。

はじめに

1970年代初め、私が中学生のころの教科書には、ソビエト連邦（現ロシア）の社会主義体制を称賛する記述が載っていました。「5カ年計画で経済は順調に伸びている」「コルホーズ・ソフホーズの集団農場はすばらしい」など。

また、そのころのテレビ番組はまだアメリカのアニメやドラマも多く、当時の私は何となくアメリカに憧れを抱いていました。そしてその気持ちをひきずったまま大学からそのあこがれの国、アメリカに1年間留学することになりました。

アメリカには日本以外のアジアの国々からも留学生が来ているはずですが、私は「戦争の時、日本はアジアの国々に多大な迷惑をかけた」と習っていましたので、アジア人留学生とはまともに話はできないだろうなと思っていました。しかし、実際にアメリカの大学に行き、カフェテリアに食事に行くと、タイ、台湾、中国などの国からやって来た留学生の子たちが私を見るなり近くに寄ってきて、「日本から来たの？」と笑顔で声をかけてくれました。その後、私はこのアジア人留学生の相談に乗ったり、生活上のアドバイスをしたり、リクレーションスポーツ大会などのイベントに一緒に参加したりすることになりました。そして私が帰国する際には、みんなが集まって送別会を開いて「世話になった、ありがとう」と言って、私を送り出してくれました。

この経験から、私が習ってきたことはおかしいと気づき、「アジアの中での日本の立ち位置」を考え直すきっかけとなりました。アジアの国にも興味を持ち、それまでアメリカ一辺倒だった考えを改め、韓国、タイ、シンガポールなどアジアの国にも行くことができました。そこで現地の人たちと話を重ねるたびに「日本=悪い国」のイメージは薄れていきました。アメリカへのあこがれから英語にのめり込み、英語教員として仕事をすることになりましたが、暇を見つけては「教科書に書いていない真実」を示してくれそうな本を探し出して読むようになりました。そのために1、2カ月に1度は名古屋の大きな書店を2～3店舗回ることが習慣になりました。初めのうちは大型書店にしかなかったのですが、終戦30年、40年と時が経つうちにどんどん、

「日本にとって第二次世界大戦とは何だったのか」

「日本は世界にどんな影響を及ぼしたのか」

などの本が次々と出版され、地元の小さな書店でも見られるようになりました。

終戦70周年となる2015年あたりになると、日本人だけでなく、ヘンリー・ストークス氏やケント・ギルバート氏など知日派の外国人の方々がどんどん日本の立場を擁護するような内容の本を出すようになりました。

はじめに

大学を出てからずっとそのような本を追いかけてきて、ようやく日本がしでかした偉業がわかるようになってきました。つまり、

「日本はアジアの国々を侵略する意図はなかった」

「日本が戦わなかったらアジアの国々が欧米諸国の植民地から解放されて、独立することはなかったかもしれない」

「日本が戦わなかったら、この世界にはまだ人種差別が残っていたかもしれない」

ということです。そのことがわかるようになったら、自分の周りの人たちに教えてあげたい、と思うようになりましたが、高校の英語教師という立場では、授業時間を大幅に割いて、そのような講義をするわけにもいきません。せいぜい本の紹介をしたり、資料のプリントを配布したりする程度でした。


また、今では非常に多くの本が出るようになって、私自身が本にまとめなくても読みやすそうな本を紹介してあげるだけで十分なのかもしれない、とも思いました。しかしながら、退職をして時間ができるようになると、自分が読んできた本を抜粋して、読みやすい本にまとめられないか、と思うようになりました。私がこれまで読んで、おもしろいと思った部分をつなぎ合わせて示すことができないかと考えました。

竹村公太郎氏は、その著書『日本の謎は「地形」で解ける【日本人の起源篇】』（PHP研究所）の中で、日本列島には12万年前から人類が住み始めていた痕跡があると言い、また武田邦彦氏は、日本の優れたナイフのような石器は4万年前の旧石器時代から日本から中国大陸へと輸出されていた、と『歴史の大ウソを打破する日本文明の真実』（ビジネス社）の中で述べています。こんな本を開くと古代からの日本の存在価値を改めて再認識する思いになります。

専門家の方々が研究を重ねて見つけ出したような内容ではなく、英語教師の仕事をする傍らで片手間に読んだ本を取りまとめた、歴史の素人が書き上げた本ですが、日本の存在価値、日本が20世紀に行った価値観の大転換を感じ取っていただければと思っています。

そして私たち日本人がこの日本という国を未来に向けて、支えていく覚悟を再認識してもらう一助になればと思っています。

もくじ

第3章

第4章 太平洋戦では日本が追い詰められていく（1942年後半〜44年） 101

第5章 硫黄島の戦いから終戦まで（1945年） 133

第6章　ヨーロッパの戦争はドイツが始めたのか　189

第1章

第二次世界大戦後日本が戦ったことで何が起きたのか

1　幕末の開国から日米戦争突入までの経緯（概要）

まずは幕末の開国から第二次世界大戦までの出来事を簡単におさらいしておきましょう。

幕末に開国してから、日本はなぜ戦争へと突き進んだのでしょうか。日本史をひも解くと、日本は古代から外敵を打ち払い、日本列島を守ってきたことがわかります。アジアの国々が欧米列強の植民地となって呑み込まれた時代も、キリスト教欧米列強の侵略の危険を察知した豊臣秀吉、徳川家康らによって日本の安全は守られました。

15世紀以降、スペインとポルトガルがアジアに進出し、キリスト教の布教とともに植民地を広げていました。日本にも先発隊としての宣教師団が入り、日本の様子を偵察したところ、ちょうど戦国時代で軍事力が充実しており、しかも豊臣秀吉が全国統一を成し遂げようというところでした。宣教師たちは、日本の武力侵略は難しいと判断してキリスト教を広めて、国を分断させる方針を取りましたが、その計画は秀吉に見抜かれ、宣教師たちは国外へと追い出されました。

その後、政権を握った徳川家康もキリスト教が広まるのは危険と察知し、海外との通商を制限する方針を打ち出しました。スペインやポルトガルの後からやってきて、キリスト教の布教を押し付けることのないオランダとだけ通商関係を結びました。オランダは中国で絹織物、陶磁器、工芸品などを買い付け、日本で売りさばくことで莫大な利益を得ました。日本と中国との中継貿易で、東インド会社全体の約７割の利益を出していたと言われています。この中継貿易を始め、十分に利益が上がることを知ってからは、オランダは植民地の拡大には消極的でした。

このような中継貿易が成立した背景には、日本には旺盛な購買力をもった富裕層が広範に存在していて、魅力的な市場であったことがあげられます。オランダは植民地経営よりもはるかに利益の上がる日本市場を大切にしたいため、幕末になってからも、他のヨーロッパ諸国の情報を幕府に伝え、親身になってアドバイスしていたようでした。このオランダからの情報から、他のアジアの国々がいかに白人国家によって苦しめられているか、また欧米列強の動向もかなり把握することができたようでした。オランダからの助言もあり、日本は他のアジアの国々とは異なり、植民地にされることなく開国することができました。

日本は開国して狂暴な西欧列強から国を守ろうとした時、他のアジアの国々がやっていないことをしました。これから国を引っ張っていくべき明治政府の幹部のメンバーが西欧諸国に技術や政治の仕組みを学びに留学に出たことです。この時、この使節団はベルギーやドイツなどで、「憲法は歴史を語ることである」「外交は軍事力の裏付けがあって初めて相手と交渉ができる」などのアドバイスをもらい、その後、日本は「富国強兵」にまい進することになります。

その当時、ロシアは不凍港（冬でも海が凍らずに船を出せる港）を確保するため、南の方に進出しようとして中国南部に権益を持つイギリスと争っていました。強大な陸軍を持つロシアが朝鮮半島まで侵入してくると、その対岸の日本も危うくなります。なんとか朝鮮半島でロシアを食い止めたい日本は、それまで中国（清国）に従属していた朝鮮に独立してもらいたいと思い、日清戦争（１８９４～９５年）を戦って、朝鮮国独立（大韓民国成立）を勝ち取りました。しかしその韓国（大韓民国）は日本の関与を嫌い、日本よりも力のありそうなロシアにすり寄ろうとします。ロシア軍が朝鮮半島のすぐ北にある満洲に居座るようになると、朝鮮半島がロシアに呑み込まれるのは時間の問題となりました。そして日本はロシアと戦うことを決意し、日露戦争（１９０４～０５年）によって満洲からロシア軍を追い出しました。その後、韓国を併合（１９１０年）し、その北に満洲国ができると、ようやく日本は安心できるようになりました。

ロシアは、第一次世界大戦中にロシア革命によって共産主義国（ソビエト連邦）となり、革命で奪い取ったロシア皇帝の財産を元手に共産主義を世界に広めるための組織（コミンテルン）を結成し、各国へスパイを送り込むようになっていました。そして日本の強大な関東軍が治安を守る満洲国が出現し、自国と接するようになると、ソ連は安心できなくなりました。さらにヨーロッパに強力な経済力を持つナチス・ドイツが誕生すると、西側のヨーロッパにも警戒しなければならなくなり、ソ連は満洲の日本軍との衝突はできるだけ避けたいと思っていました。そこで、中国の共産党組織を使って日本軍を南下させ、中国大陸に目を向けさせる工作を始めます。こうして１９３７年盧溝橋事件以降、日本軍は中国南部へと引きずり込まれ、広い中国大陸で中国軍を追い回す戦争が続くことになります。

一方、ヨーロッパでナチス・ドイツが台頭し勢力を強めると、それまで世界覇権を誇っていたイギリスが警戒し始めます。しかし、イギリスだけではドイツに勝つことはできないので、第一次世界大戦時と同様にアメリカの参戦をもくろみます。その当時、ドイツはソ連の共産主義革命を警戒して、日本と防共協定（１９３６年）を結んでいました。なかなかイギリスやアメリカの挑発に乗らないドイツに対して、同盟国の日本を挑発して戦争を始めることを画策しました。当時、ヨーロッパではドイツを叩くためにイギリスやソ連はアメリカの力を必要としていました。ソ連はさらに自国と国境を接する満洲の関東軍を本国から遠ざけるために、中国共産党を利用して日本軍を南下させようと工作していました。また、中国国民党もアメリカが日本と戦ってくれて、日本の力を削いでくれることを望んでいました。これらすべての国々がアメリカの参戦を望み、アメリカとしても満洲に居座る日本軍は、中国市場に参入するのに目障りな存在でした。

当時、石油や鉄くずなど工業資源のほとんどをアメリカから輸入していた日本がアメリカと戦争をしたかったはずはありません。一方のアメリカは世界大恐慌（1929年）から脱しきれず、失業者も高止まりで、ルーズベルト政権が打ち出したニューディール政策でも思うような経済回復につながりませんでした。ヨーロッパの戦争に介入できれば経済と失業の問題は一気に解決できます。アメリカは石油の禁輸など日本を経済的に追い詰め、日本側の必死の戦争回避の交渉も決裂してしまい、日本は戦争へと引きずり込まれていきました。

2　日本が戦ったことによる世界への影響とは

さて、2022年の2月、ロシア軍がウクライナに軍事侵攻し、この21世紀の現代でもこのような戦争が起こるのだということを目の当たりにした日本では、憲法改正をして国防力を上げるという論議が上がっています。そもそもなぜ日本は「憲法改正」をしなければば国を守れないのでしょうか。日本にはなぜ日本国を守る「日本軍」が存在しないのでしょうか。そしてなぜ未だにアメリカ軍が日本に常駐しているのでしょうか。

それは、第二次世界大戦時に日本がアメリカと戦争をして、日本がアメリカに負けたからであり、それ以降、日本の国防は日本に駐留するアメリカ軍が担っているからです。もちろん、アメリカ軍だけで日本を守っているわけではなく、日本の自衛隊と協力する形で日本を守ってくれています。しかしながら、有色人種国家である日本が白人国家であるアメリカに簡単に敗けてしまっていたら、他のアジアの国々と同様、アメリカに植民地支配されて、もしかすると企業の社長、大学の学長はことごとくアメリカ人で、日本人は二流市民に成り下がっていたかもしれません。

そうならなかったのは、戦争直後、重光葵氏や吉田茂氏らが天皇とともに粘り強くGHQ（占領軍司令部）と交渉してくれたこと、GHQの日本占領政策が途中で進路変更したことなどもありますが、戦争中、日本が簡単に敗けなかったこと、日本軍の見事な戦いっぷりにアメリカ軍がある意味、リスペクトしてくれたことも大きかったのではないかと思われます。そもそもなぜ日本はアメリカと戦争をすることになってしまったのかということも気になるところですが、まずは終戦した当時のことから振り返ってみたいと思います。

１９４５年８月15日に日本は太平洋戦争の終戦を迎えました。終戦直前の日本は制空権も制海権も失い、国土は空襲と2発の原爆投下で荒廃していました。軍事的には完敗でした。しかし、この戦争の意義とその影響を考えると、日本は決して「負けた」というわけではないという意見もあります。日米戦としての太平洋戦争は、確かに軍事的には敗北しました。しかしアジアに目を向けた大東亜（大アジア圏）では、日本は決して負けたわけではないという見方です。

そのような考え方をする一人が、イギリス人ジャーナリストのヘンリー・ストークス氏です。15世紀から20世紀初めまでの約５００年間、有色人種の国々を次々と植民地にして搾取してきたのは西欧列強の白人キリスト教国でした。その植民地支配は日本軍がアジアで植民地支配をする西欧列強の国々と戦ったことで終わりを迎えました。もし日本軍がアジア諸国に侵攻しなかったら、アジアにあった欧米の植民地がその宗主国から独立することは決してありませんでした。日本もあの戦争を戦わなかったら、他のアジアの国々と同様、白人国家の植民地にされていたかもしれません。白人列強の世界支配を終わらせ、人種差別をなくし、人種平等の世界の実現にむけたきっかけを作ったのが、日本が戦った大東亜戦争であったと言えます。

第二次世界大戦が始まる前、日本は決して戦争に前向きでもなかったし、最初からアジアの国々を解放するために戦争を始めよう、とは思っていませんでした。しかし、引きずり込まれるようにして、戦争を始め、アジアの国々に出て行くとなった時、アジアの国々が植民地から解放され、独立をすることを協力したことは事実です。そしてその結果、戦前は世界では当たり前だった「人種差別」の概念が大きく変わることになりました。第一次世界大戦が終わり、日本が国際連盟の理事国のひとつとなった時、「人種差別撤廃」を提案しましたが、この時は、国内で奴隷を抱えているアメリカや世界中に植民地を持ち、利益を享受しているヨーロッパの大国には受け入れられませんでした。

3　日本の敗戦後のアジアの国々が独立戦争に立ち上がる

アジアの国々は15世紀の大航海時代以降、次々と欧米諸国の植民地となり、搾取されてきました。第二次世界大戦では、日本は数年間だけでしたが、アジアから欧米列強を追い出し、独立に向けた支援をしました。しかし日本はアメリカの強大な力にねじ伏せられ、敗戦しました。日本が敗戦してアジアから引き揚げた後、植民地経営から得られる莫大な利益を求め、イギリス、フランス、オランダはそれぞれ植民地だった地域を再び支配しようと軍を送り込みました。しかし、ほんの数年間、日本の統治下で指導を受けた現地民たちは、二度と植民地支配下に戻りたくないと抵抗しました。

何百年もの間、植民地支配されていたアジアの国々はなぜ独立のために戦おうとしたのでしょうか。なぜ圧倒的な戦力を持った欧米列強が戻ってきたのに、独立を勝ち取れたのでしょうか。ほんの数年間でしたが、日本が統治し独立支援をしたことで、独立に対する意識改革がなされたことが大きかったのではないかと思います。

ヘンリー・S・ストークス氏は、その著書『大東亜戦争は日本が勝った〝世界史の中の日本〟』（ハート出版）の中で、イギリスのマウンドバッテン卿が戦後に作成した東南アジア連合国軍の終戦処理に関する報告の内容を示しています。イギリスのマウントバッテン卿は東南アジア連合国司令官で、当時の日本の好敵手だったそうです。マウントバッテン卿はその報告の中で、日本軍の業績として次の3点を評価しています。

第一に、長い間の植民地支配でアジアの国の人たちはとても欧米の軍隊にはかなわないと信じていましたが、その目の前で日本軍が欧米諸国の軍隊を撃破しました。

第二に、欧米諸国はアジアの人々は独立への意思も能力もないと思っていましたが、日本が統治した数年間で、軍事訓練も施して軍事的な能力を与え、愛国心を育む教育も与えました。そして自分たちも独立できるんだという強い意識が芽生えました。

そして第三に、日本軍は敗戦後、手持ちの武器はすべて連合国軍に引き渡すことになっていましたが、「民衆に奪われた」などの口実で現地民に武器を渡していました。特にインドネシアではこの武器が独立戦争を勝ち抜く力となりました。

マウントバッテン卿の報告に日本軍がインドネシアの独立に協力したとありますが、武器供与だけでなく、実際の戦闘にも日本軍兵士が参加していたことがわかっています。

１９４５年8月15日に日本は敗戦しましたが、この時、インドネシアは日本の統治下にありました。そこにいる日本兵は武器を置いて本国に引き揚げなければなりません。しかし、それまで独立支援を続け、軍事訓練まで指導してきた日本兵の中には、このまま自分たちだけ日本に帰っていいのかと考える者もいました。

「自分たち日本軍が引き揚げたら、またオランダ軍が戻ってくるだろう。自分たちが手塩にかけて育てたインドネシアの若者たちが独立に向けてオランダ軍に立ち向かおうとしたとき、自分たちだけ日本に帰るわけにはいかない」

このように考えた少なくとも千人以上の日本兵がインドネシアに残りました。そしてオランダ軍がやってくると、インドネシア人は立ち上がり独立戦争に挑みました。

およそ4年半、血みどろの戦争が続きましたが、ついにインドネシアは独立を果たします。このインドネシアの独立戦争において、尊い命を捧げた日本人が約４００から５００

人いたそうです。

その他のアジアの国々も同様に独立を勝ち取っていきますが、通説が述べるように、日本がアジア諸国で西欧列強と同じような植民地支配を続けていたとしたら、現地のアジア人の人たちは再びやってきた西欧列強の軍隊と戦ってまで独立しようと思ったでしょうか。日本がどのようにこれらの国々に支援したのかについては少し後回しにして、まずは第二次世界大戦時、日本はいったいどこで戦っていたのかをざっくりと見てみましょう。

4　日本はどこで何のために戦ったのか

第一次世界大戦はほぼヨーロッパでの戦いでした。日英同盟によってイギリスと同盟を結んでいた日本は中国大陸にあるドイツ領を叩き、イギリスの要請に従って太平洋から地中海にかけてドイツ艦船、潜水艦を抑え込み、英仏側の勝利に貢献しました。

大戦後の国際連盟では理事国の一国となり、ドイツ領だった南太平洋の島々が日本の委任統治領となり、また中国大陸のドイツ領にも日本の支配が及ぶようになりました。

さらに中国大陸で清朝が倒された後、満洲族最後の皇帝溥儀を助け、満洲事変（193

1年）によって満洲国を設立しました。満洲国経営によって世界恐慌から経済が復興しましたが、日本軍が満洲に駐留することをよしとしないソ連や中国によって、日本軍は中国大陸南部へと戦争に引きずり込まれてしまいます。

中国南部に権益を持つイギリスやフランスは日本軍が中国大陸南部に侵攻するのを警戒し、中国国民党軍を支援します。また満洲に野心を持つアメリカも英仏と協力して、日本を経済的に追い詰めます。そしてアメリカが日本に原油、鉄くずといった産業の基本資源の輸出を拒否した時、日本は原油や資源を求めてアジアに出ていくことになりました。

こうして日本は、北からはソ連、中国大陸南部では中国、アジア諸国ではそこに植民地権益を持つイギリス・フランス・オランダ、さらに太平洋でアメリカと対峙することとなりました。

このようにして広大な地域に日本軍が出ていくことになるのですが、日中戦争にしても日米戦争にしても、日本は明確な戦争計画がありませんでした。特に中国大陸の戦いは駐在する邦人保護のつもりで軍を送ると中国側のテロ工作でずるずると戦域が広がり、当時の首都南京を落としても戦争が終わりませんでした。アメリカとの戦争も資源確保が目的ならハワイに出ていく必要はありませんでした。また日本本土を守るという意味において、委任統治を任された南太平洋の島々をすべて守る必要もありませんでした。戦争の最初から資源を確保し絶対防衛圏と定めた中に引きこもっていれば、アメリカもあれほど楽に日本を攻撃できなかったはずでした。

結果として日本が無謀な戦いをしたために、日本本土は壊滅的に破壊され、戦後7年間も占領されてしまいました。日本が明確に戦争をする計画を練り、その計画通りに戦争を進めていたら、あれほど悲惨な結果にはならなかったでしょう。

日露戦争では日本が考えに考えて戦争を遂行し、ついには勝てるはずのない大国ロシアに勝つことができました。第二次世界大戦では、日中戦争も日米戦争もずるずるといつ終わるとはない戦いを続けてしまいました。

しかしながら、アジア大陸でも戦域が広大に広がったことで、あちこちで日本軍は苦戦しましたが、アジア諸国を植民地支配する西欧列強を追い出し、アジア諸国が植民地支配を脱し独立するきっかけをつくりました。

戦前の「人種差別」は有色人種を人間扱いしないで、「家畜扱い」するというものでした。「家畜」並みですから、白人たちにとって都合のよい、利用できる「家畜」はかわいがり優遇するが、自分たちにとって都合の悪い「家畜」は処分しても構わないということです。

白人国家の植民地で分断政策により最下層に貶められたアジアの人たちは、ほんの数年間でしたが、日本が白人たちを追い出し、独立指導したことで目覚めました。「二度と家畜扱いはゴメンだ」と命がけで自分たちの国を守り、独立を勝ちとっていきました。

ただし、白人国家の分断統治の中で現地民を搾取するための税の取り立て、治安維持などの役目を受け、優遇されてきた間接支配層（主に華僑）の人たちは、自分たちの利権がはく奪されることになったため、日本軍に抵抗し、恨みをもつことになりました。

しかしながら、独立を勝ち取った国々が戦後にできた国際連合に加わり、ひとつの国家と認められるようになると、それぞれの国は大小にかかわらず平等に扱われなければならないという概念が広がり、やがて世界の意識は「人種差別」の撤廃へと向かいました。そして戦後も残っていた人種差別は、アメリカでは１９６４年の公民権法の成立、さらに南アフリカでは人種を超えた総選挙によってアパルトヘイト（人種差別制度）が終わり、法律上では、「人種差別」は「犯罪」であるという世界の認識が出来上がりました。

20世紀における「人種差別」撤廃の動きは、日本が白人国家連合軍に立ち向かった第二次世界大戦できっかけを作ったと言えると思います。ただし、そのために日本は自国民に多大な犠牲を払いました。その様子を次の章で見ていきたいと思います。

第2章

日米開戦はなぜ、どのようにして起こったのか（1941年）

日本は第一次世界大戦の功績を認められ、準白人国家の扱いで国際連盟の理事国になっていましたが、第二次世界大戦の前までは、世界は白人国家優位で「人種差別」が当たり前でした。そんな中で日本が「人種差別」撤廃を提案しても、国内に奴隷制があるアメリカや、アジア・アフリカに植民地を抱えるヨーロッパ諸国はまったく無反応でした。国際連盟の設立に尽力し、「民族自決」を提唱したアメリカのウィルソン大統領も、白人民族の自立は認めるが、有色人種の自立は認められないという立場だったようです。

そんな中で満洲事変（1931年）で満洲国の設立を助け、満洲国の経営に大いに貢献し、世界恐慌（1929年）から経済を復興させつつあった日本を、苦々しい思いで眺めていたのがアメリカとソビエト連邦（現ロシア）でした。

アメリカは中国大陸南部で権益を享受するイギリスやフランスと競合しない満洲での権益をうかがっていましたが、そこは日本が影響力を広め、アメリカはそこでの鉄道経営にも入り込めないでいました。また、日露戦争で日本に痛い目に遭ったソ連にとって、隣接する満洲で日本の関東軍が在留しているのは目の上のたんこぶでした。

そんな状況の中、第一次世界大戦の責任を一手に押し付けられ、塗炭の苦しみを味わい、それを乗り越え、経済力と軍事力をつけたドイツに大きな動きがありました。

１　真珠湾攻撃（１９４１年12月）はどのようにして起こったのか

１９３９年9月、ドイツのポーランド侵攻直後にイギリスとフランスがドイツに対して宣戦布告し、ヨーロッパでの第二次世界大戦が始まったとされています。強大な軍事力を持ったドイツに対してイギリスとフランスだけでは対抗することができません。イギリスは第一次世界大戦の時と同様にアメリカの参戦を要請します。

しかし、第一次世界大戦の時、アメリカ国民はヨーロッパの平和のためにと参戦したはずなのに平和は長続きせず、第二次世界大戦が起こってしまいました。当時のアメリカの世論は、もう二度と戦争に介入しない、戦局を見守るというものでした。

アメリカは議会が承認しない限り、国民を動員して戦争に参戦することはできません。そこで、ドイツと同盟を結ぶ日本に対して経済制裁を含むさまざまな挑発行為をしかけました。石油や鉄など、工業資源の大半をアメリカから輸入していた日本がアメリカと戦争したかったわけはありません。１９４１年は日本がやむなく真珠湾攻撃に突入する間際まで、必死の日米交渉が続きました。しかし、日本との戦争をきっかけにヨーロッパ戦線に参戦したい、また、中国市場に参入するのに邪魔になる日本を黙らせたいアメリカは、交渉に応じるふりをするだけで、まともな交渉はしてくれません。

11月26日（アメリカ時間27日）にアメリカから渡されたハル・ノートを最後通牒と理解し、交渉で戦争を回避することをあきらめた日本はアメリカを叩くことを決断して、真珠湾攻撃を実行します。アメリカ国民はアメリカが行った経済制裁の内容や挑発行為、そしてハル・ノートに書かれた内容は一切知らされていませんでした。和平交渉を続けているにもかかわらず、有色人種国家の日本が白人国家アメリカに対して、宣戦布告を遅らせ油断させておいてだまし討ちをするという卑怯な手でアメリカ本土防衛の重要な拠点であるハワイの真珠湾を攻撃してきた。その時は日曜日の朝であり、多くの兵士たちはのんびりと過ごしている時に突如攻撃を受け多くの若者が犠牲になった、と知らされたアメリカ国民は激怒しました。

アメリカ世論は一気に参戦やむなしに傾きました。アメリカ政府から最後通牒とも言えるハル・ノートが日本側に提出されたことも知らされていないアメリカ国民は、「日本のだまし討ち」に対する怒りを燃え上がらせていました。

実際の日本軍の真珠湾攻撃は、ルーズベルト政権の想定をはるかに超えたものでした。約３５００人が死傷し、戦艦8隻が撃沈されるか大破しました。さらに巡洋艦2隻、駆逐艦も3隻が大破し、航空機も２００機が破壊されました。日本からの攻撃を「期待」していたルーズベルト政権でしたが、日本の攻撃はもっと小規模なものになると考えていたようです。

浅瀬で魚雷攻撃をするには十分な広さのない真珠湾で大規模な戦艦への攻撃は不可能と高をくっていたアメリカ政府に対して、日本は戦闘機のパイロットに浅瀬での魚雷投下の厳しい訓練を施し、魚雷もすぐに沈んでしまわないように羽をつけるなどの工夫をし、万全の備えをして真珠湾攻撃に臨みました。

その結果、ルーズベルトが想像していた以上の被害を被ることとなり、責任の所在を明らかにせざるを得なくなりました。当時のハワイ防衛の責任者であるハズバンド・キンメル提督（海軍）とウォルター・ショート将軍（陸軍）が責任を追及されることになりましたが、しかし、この2人は「最後通牒」が日本に出されていることすら知らされていませんでした。

議会も真珠湾攻撃に関する調査委員会を設け、陸海軍もそれぞれ調査委員会を設置しました。その調査の過程で、国民にまったく知らされていなかった対日外交の実態が明らかになりました。もし真珠湾攻撃が失敗していたり、これほど大規模な被害をもたらさないものであったら、これらの調査委員会は設置されることなく、ルーズベルト政権の対日工作もわからないままになっていた可能性もありました。

そして真珠湾攻撃から4日後、アメリカとイギリスが期待していた通り、ドイツがアメリカに宣戦布告し、アメリカは日本にもドイツに対しても参戦できることになりました。戦争遂行の大筋については、イギリスとの調整がすでに1941年2月のABC合意の段階でできていました。それは真珠湾攻撃の10カ月も前のことでした。その合意の要点は、チャーチルが要請した通り、アメリカが参戦する場合、戦力はまずドイツに集中することでした。このことは真珠湾攻撃後にチャーチルが訪米し、12月20日のワシントン会談でも確認されました。

日独伊三国同盟に自動参戦義務はありませんでしたが、日本の真珠湾攻撃から数日間、沈黙していたドイツはアメリカに宣戦布告しました。この時のドイツの状況について、渡辺惣樹氏が著書の中でこう述べています。

この問題を考えるヒントは、ヒトラーは「時間は味方しない」と考えていた点にあります。時間が経てば経つほど、不利になる。ドイツも日本と同様に時が経てば経つほど石油が不足することをわかっていました。日本が突然、対米戦を始めた時に「今ならいっきに何かができる」という気持ちになったのかもしれません。

（『教科書に書けないグローバリストの近現代史』茂木誠・渡辺惣樹共著：ビジネス社より）

こうしてイギリスのチャーチルの思惑通りになりました。アメリカが参戦してくれれば、第一次世界大戦の時と同様に、ドイツをたたくことができるからです。アメリカのルーズベルト政権にとっても、ニューディール政策が思ったほど経済復興に役立たなかった状況で、第一次世界大戦の時と同様に戦争による景気回復が見込めます。さらに国内で失業中の若者も兵士として戦線に送り込むことができるようになりました。

2　実はアメリカは真珠湾攻撃以前から日本と戦争をしたがっていた

渡辺惣樹氏の著書には、日本軍の真珠湾攻撃の10年前の１９３２年にすでにアメリカは日本の真珠湾攻撃を想定した訓練を行なった、とあります。実際に戦争が始まる10年も前からアメリカは日本を戦争に引きずり込みたかった、日本を叩きたかったということになります。

そしてチャーチルは日本の真珠湾攻撃の報を聞いて歓喜しました。しかし、しばらくすると日本軍の奇襲のあまりの見事さに米国民の怒りが日本に向かっていることに驚きます。ルーズヴェルトとの約束は日本を利用してアメリカは参戦するが、アメリカは対独戦を優先するというものでした。そのことを念押しするために、チャーチルはワシントンに出向いていました。

日本の真珠湾攻撃より前から日本に戦争をしかけて潰すというアメリカの意思について、ヘンリー・S・ストークス氏もその著書の中でこう述べています。

私には、ネーサン・クラークという伯父がいる（二〇一五年五月に九十六歳で他界）。アメリカとイギリスの二つの国籍を持っていた。

伯父は、一九四一年の初頭からインドに展開していたイギリス軍部隊に、所属していた。鋭い観察力を有する人物だったが、その伯父から聞いた話がある。

一九四一年中頃のある日、伯父はイギリスの統治下にあったビルマ（現・ミヤンマー）のラングーン空港に降り立った。そこで、膨大な数のアメリカ軍の爆撃機が展開しているのを目の当たりにし、我が目を疑った。

伯父は大尉だったが、目の前に展開している大規模な軍備増強の目的が、戦争以外の何物をも意味しないことを、たちどころに悟った。
アメリカは対日戦争の準備を、着々と始めていたのである。真珠湾攻撃のおよそ六カ月前のことだった。
（『大東亜戦争は日本が勝った（世界史の中の日本）』ヘンリー・S・ストーク著：ハート出版より）

つまり、日本にアメリカを攻撃させて、日本と戦争をすることは、ルーズベルト政権の計画通りだったということです。そしてクラーク氏がビルマの飛行場でアメリカ軍の爆撃機を目撃した6カ月後に日本軍による真珠湾攻撃が実行されました。アメリカはそれに対し、「卑怯極まりない日本は、極秘裏に大艦隊をハワイに侵攻させ、宣戦布告することもなく、休日（日曜日）を楽しんでいた罪もない人々に奇襲攻撃を仕掛けた」と自国民の反日感情をあおりました。

通説ではヨーロッパでイギリスとフランスをのみ込もうとするドイツとの戦争に参戦するため、ドイツと同盟を結んでいる日本を経済的に追い込んで暴発させ、戦争の口実を作って参戦したことになっていますが、実際にはかなり前から着々と日本を攻撃する準備をしていたことになります。有色人種でありながら、国際連盟の理事国にのし上がり、中国大陸の満洲に権益を持つ日本を叩いて、中国大陸から追い出し、中国大陸は白人国家が利権を享受できる市場にしたかったのでしょうか。

3　国民をもだまして戦争に引きずり込んだルーズベルト政権（マッカラム覚書）

日本は日米戦争の始まる前まで、主要な工業資源である石油や鉄くずの大半をアメリカから輸入しており、アメリカとの戦争はなんとか回避したいと考えていました。しかし、日本との開戦をきっかけにしてヨーロッパ戦線に参戦したいと考えていたルーズベルト政権は、自国の艦船や兵士をおとりにしてまで自国民を参戦に向かわせようと画策しました。

アメリカ海軍情報部（ＯＮＩ）にアーサー・Ｈ・マッカラム極東課長という人物がいました。マッカラム氏はキリスト教の宣教師の子どもとして長崎に生まれ、少年時代を日本で過ごしました。父親の死後、一旦はアメリカに帰りましたが、22歳の時に駐日アメリカ大使館付駐在武官として再び日本に戻っていました。日本の事情に精通するマッカラムは、日本の軍事外交戦略に関する諜報報告、傍受された暗号の解読情報を監督し、ルーズベルト大統領に逐次報告することが任務でした。

このマッカラム氏が、どうすれば日本を対米戦争に引きずり込めるか、その計画立案を任され、作成したのが５ページ、８項目からなる覚書でした。それは、イギリスやオランダとの協力、中国蒋介石軍への援助、日本に対する圧力と挑発に関する項目が列記され、ハワイのアメリカ陸海軍部隊、さらには太平洋地域のイギリスとオランダの植民地に駐屯する部隊に、日本に攻撃させることを画策したものでした。

１９４０年10月８日、２つの重要な決定がなされました。ひとつは、国務省が、アメリカ人は速やかに極東を離れるよう指示したことでした。そしてもうひとつは、マッカラム覚書のＦ項目、つまりハワイにアメリカ艦隊を維持し、日本を挑発してそこを攻撃させること、を実施すると提案したことでした。合衆国艦隊司令長官ジェームズ・Ｏ・リチャードソン大将と前海軍作戦部長のウィリアム・Ｄ・リーヒ大将を大統領執務室に招いた午餐会でルーズベルト大統領は２人にこう語ったといいます。

「日本が挑発に乗ることを期待し、そのために米海軍の軍艦を喜んで犠牲にしよう。遅かれ早かれ、日本は米国に対し、明白な行為をとるだろう。そうなれば、米国民は喜んで、参戦することになるだろう」

これに対し、リチャードソン大将は部下や艦隊を生贄にするような政策など受け入れられないと憤慨しました。

アメリカ海軍は、大西洋艦隊と太平洋艦隊を新たに設置し、1941年2月1日に、リチャードソン大将は艦隊司令長官を解任されました。ハズバンド・キンメル少将が大抜擢され、太平洋艦隊司令長官に任命されました。しかし、キンメル氏は「日本を挑発して、第一撃を加えさせるという戦略は知らされていなかった」と後に述べています。

つまり、日本軍の真珠湾攻撃は「奇襲」でも「だまし討ち」でもなかったことになります。水深の浅い真珠湾で魚雷攻撃を成功させるために、魚雷に羽をつけ、水中に入るとすぐに浮上しやすくする工夫や、超低空飛行で魚雷攻撃をする日本軍パイロットの操縦技術はアメリカの想像以上のもので、ルーズベルト政権が想定していた以上の被害を出しましたが、真珠湾攻撃そのものはアメリカの策略に日本軍が見事にはめられた、ということになります。

また、日本軍のスパイをあえて泳がせ、情報工作も行なっていたことがわかっています。森村正（本名・吉川猛夫）は日本領事館の1等書記官としてハワイに着任した日本軍のスパイでした。彼の任務は、アメリカ太平洋艦隊の拠点である真珠湾で、停泊する艦隊の情報を日本に送ることでした。アメリカの日本に対する警戒は1936年8月から始まっており、日本軍のスパイを監視してきました。森村は「津暗号」を使って、情報を送っていましたが、アメリカの暗号解読班はすでにその暗号を解読しており、送られた報告の内容は把握されていました。

そして１９４１年（昭和16年）12月8日未明、日本海軍による真珠湾攻撃が行われた後、アメリカは、「卑怯極まりない日本は、極秘裏に大艦隊をハワイに侵攻させ、宣戦布告することもなく、休日（日曜日）を楽しんでいた罪もない人々に、奇襲攻撃を仕掛けた」と自国民の反日感情をあおりました。ルーズベルト政権の日本に対する挑発行動を知らされていないアメリカ国民は、戦争への介入に消極的な平和なアメリカに突然、凶暴な日本が襲い掛かって来たのだという政府の言葉に激高し、国民感情は一気に参戦へと傾きました。ルーズベルト大統領が日本との戦争を準備していたのは明白な事実であり、フーバー元大統領やフィッシュ共和党議員の戦後の記録からアメリカ国民もだまされていたことがわかります。

4　日本はなぜ真珠湾攻撃をしたのか

日本はこの時、中国大陸でも戦争に引きずり込まれ、泥沼の戦いを強いられていました。

中国大陸ではドイツ製の武器・装備で武装した蒋介石率いる国民党軍がソ連の援助を受け

た共産党軍と協力をする形で、米英に物資の援助を受けながら日本と戦っていました。米英はマレー経由で蔣介石に軍事支援物資を送っていました（援蔣ルート）。日本は、陸軍をマレーに進行させ、同時にその補給のため、マレー沖の制海権を把握する必要がありました。マレー沖海戦はそのための戦いでした。

中国大陸での戦争が片付かないうちに太平洋側の強大なアメリカに戦争を吹っかけるなど、太平洋戦争は誰が考えても不可解な戦争でした。

日本の真珠湾攻撃については、直後はルーズベルトが国会の演説で「宣戦布告をせずに我々を攻撃しただまし討ちだ」と述べ、アメリカ国民は激怒して、戦争不介入の雰囲気だった国民世論は戦争への積極介入へと急転換したといわれています。しかし当時の両国の状況を考えれば、アメリカは鉄くずや石油という工業の基本となる資源の大半を日本に輸出していたのに、禁輸によって日本の経済を締め上げます。さらにアメリカとの戦争を何とか回避したい日本は和平交渉を何度も試みますが、それを拒否したのはアメリカ側です。この状態で、日本からの攻撃は「宣戦布告」がなければ、ないと思えたのでしょうか。日本との最前線に位置するハワイで、日曜日だからとまったく警戒もせずにのんびりと過ごしていたのでしょうか。

また、戦争直前には英語教師などの民間人を装ったアメリカのスパイが数多く日本にいて、各地の港の日本の艦船の数などをアメリカ大使館を通じて報告していました。日本が真珠湾攻撃をする際には大艦隊が集結するわけですが、その動きはアメリカ本国に報告されていなかったのでしょうか。

さらにこの太平洋戦争はアメリカの工業力が日本を上回っていたことに加え、情報収集能力、分析能力が勝っていたこと、つまりレーダーの性能や暗号解析能力が上回っていたことがアメリカの勝因だと言われています。そのアメリカが日本の大艦隊が1週間もかけてアリューシャン列島からハワイに移動する行動をまったく気づかなかったのでしょうか。

そうではなく、日本の真珠湾攻撃はアメリカ側が仕掛けたワナであり、それにまんまと日本がひっかかって戦争に引っ張り込まれたのだという説があります。この説のほうが、中国大陸で泥沼の戦いを続けていた日本が反対側の太平洋に打って出る理由もわかります。ただし、そのワナにひっかかってしまい、陸軍の反対を押し切って真珠湾に出ていってしまった日本海軍は愚かだったと言えます。その状況をアメリカ人弁護士のケント・ギルバート氏がその著書の中でこう説明しています。

日米両国を愛する私にとって、日本とアメリカはなぜあのような戦争をしたのかということは、ずっと解けない疑問でした。しかし最近、いくつもの歴史書を読んでいて痛感したのは、日本が始めた大東亜戦争を語るにはフランクリン・ルーズベルト大統領の正体を知らなければ何も始まらないということです。

（中略）

ルーズベルトは全世界を、ソ連のスターリンと二人で二分割して自分たちのものにするという考えを持っていました。私自身も最近になって初めて知ったので、ほとんどのアメリカ人はまだ、この事実を知らないと思います。

ルーズベルトが何を思ってそんなバカなことを考えたのか、当初はまったく理解できませんでしたが、スターリンとルーズベルトは「同志」だったのだということが最近ようやくわかりました。」

（『まだＧＨＱの洗脳に縛られている日本人』ケント・ギルバート著：ＰＨＰ研究所より）

確かにルーズベルト政権には共産主義者が非常に多く混じっていました。ルーズベルトはソ連のスターリンを同志として認識し、かなり様々な作戦でスターリンに譲歩または配慮していたといいます。ドイツの占領についても、実はもっと早くアメリカ軍がドイツの東のほうまで進軍することができたのですが、わざと進軍の速度を緩めて、わざわざソ連軍が東半分を取るまで待ったということが明らかになっています。ルーズベルトとスターリンの密約ということです。それで、見事、スターリンは東欧をすべて占領し、それに対抗する形でアメリカは西側を抑えて、ＮＡＴＯを設置して、アメリカの強い影響力を欧州でも行使できるようにしたといいます。

ケント・ギルバート氏の著書からは、ルーズベルト大統領（当時）が強い意志をもって日本を攻撃しようとしていたことがうかがえます。「対独参戦」だけが日本を戦争へと引きずり込んだ理由ではないのかもしれません。同書には、ルーズベルト政権が日米開戦のかなり前から日本攻撃の準備をしていたことが書かれています。

昭和十六年（一九四一）二月三日、日本政府が交渉使節団を送って対米和平交渉を進めているまさにその最中、ルーズベルト大統領は国務省内において、戦争で日本を降伏させた後に、日本をどのように統治するかを研究するための特別チームを発足させています。また、一九九一年十一月二十二日のアメリカＡＢＣテレビ『20／20』は、日米開戦の五カ月も前の昭和十六年（一九三一）七月二十一日に、ルーズベルト自身が署名した「対日爆撃計画書」の存在を報道しました。（中略）

この計画は「ＪＢ３５５」と名付けられ、大統領の署名の二日後の七月二十三日には、当時のスティムソン陸軍長官や海軍長官なども同計画に署名しており、また、ビルマから中国への物資補給路を援護するため中国に雇われた米国人パイロット・グループ「フライング・タイガース」を率いるクレア・リー・シェンノート将軍が、このJB355計画にも絡んでいました。

注目すべきは、ルーズベルトが日本への石油禁輸を決めた時期と、この対日爆撃計画承認がほぼ同時期であったことであり、当時の大統領補佐官の証言もまた、ルーズベルト大統領が強い意思をもって日本を戦争へと追い込んだことを明らかにしています。

（『まだＧＨＱの洗脳に縛られている日本人』ケント・ギルバート著：ＰＨＰ研究所より）

ルーズベルトはなぜアメリカ国民を騙してまで戦争がしたかったのでしょうか。第一次世界大戦時もウィルソン政権下で参戦し、英仏に武器をはじめ、さまざまな物資を売ったことでアメリカは好景気となりました。しかし、第一次世界大戦後、敗戦国ドイツに全責任を負わせるようないびつな制裁をしたため、ヨーロッパが不安定になり、１９２９年には世界大恐慌が起きてしまいました。アメリカではフーバーに代わってルーズベルトが政権を握りますが、公約で打ち出したニューディール政策では経済は復興しませんでした。このような経済停滞期の一番の特効薬は何かというと、やはり石油や鉱物資源、食料など様々な物資を大量に消費してくれる戦争なのです。さらには国内の失業者を軍事訓練して戦場に送り込めば、国内の失業者も大幅に減少が見込めます。ついでに白人国家の利益を脅かす日本を叩く絶好の機会だと考えたのかもしれません。さらにはソ連に隣接する満洲に存在する関東軍の力を削ぐことはソ連にとってもありがたいことであり、ルーズベルトはスターリンに恩を売る絶好の機会だととらえていたのかもしれません。

ルーズベルト政権は日本を経済封鎖し、自国に資源がない日本がいずれ資源を求めて出ていくことはわかっていました。一番狙われるのはインドネシアでしたので、インドネシアを狙って日本軍が動けば、アメリカ領であったフィリピンのアメリカ軍と衝突するだろうことは予想していたと思います。しかし、アメリカ本土から遠く離れたフィリピンで日本軍とアメリカ軍がぶつかっても、アメリカ本土にいる国民が戦争に出ようという気になるかは大いに疑問でした。その点では日本が本土に近いハワイを「だまし討ち」をしたことで、アメリカ国民は一気に戦争へと気持ちが向かいました。ここまで計算して真珠湾にいた自国民兵士を犠牲にしたとしたら、ルーズベルト政権の企みはかなり巧妙だったと言えるでしょう。

私が1990年代に姉妹校訪問の高校生を連れて、ハワイに立ち寄り、アリゾナ記念館に行った時は、説明をしてくれたアメリカ海軍の報道担当者はかなり日本のだまし討ちを非難する口調で説明をしていました。しかし、その後、アメリカ国内でもさまざまな資料が出されて、この時の状況を調査した結果が発表されると、2016年に安倍首相（当時）が真珠湾を訪れるころには、「日本のだまし討ち」という説明がなくなり、「さまざまな説がある」という表現に変わっていました。アメリカ国内で公式にルーズベルト政権の企みが認められることは難しいと思いますが、我々日本人として、日本がアメリカにこれだけ挑発され、アメリカの企てにハメられて出ていったということは理解を広めていきたいところです。

5 「共産主義」に共感してしまったエリート層

第二次世界大戦前の世界は、共産主義に魅せられてしまったエリート層の動きが世論や国際情勢に大きな影響を与えていました。日米戦争でもこの共産主義エリートたちの暗躍が大きな働きをしていたと考えられます。

第一次世界大戦末期の1917年にロシア革命が起こり、ソビエト連邦（ソ連）が成立しました。ロシア帝国が崩壊し、新しくソビエト連邦という国になったため、日本は日露戦争で得た権益を引き続き、新国家ソ連と確認し合うために、1925年に国交を樹立しました。しかし共産主義思想を警戒していた日本は、ソ連から送り込まれてくるスパイに対する対策として、国交を樹立する前年の１９２４年に、主要都道府県に『特別高等警察課』を設置しました。この特高警察によって共産主義スパイに対応しようとしました。

その後、１９２９年に世界大恐慌が起こったこともあり、「もう資本主義はダメだ」と考える世界のエリートたちが共産主義になびいていきます。いち早く共産主義の脅威に感づいていた日本とドイツは、他の国々よりも早く経済復興を遂げますが、皮肉なことに共産主義の脅威に気づいていなかったアメリカやイギリスがソ連を支援して、日本とドイツをたたきました。その結果、ドイツは東半分が共産主義に呑み込まれ、東ヨーロッパの多くの国々がソ連の影響下に入ることとなりました。

第二次世界大戦前から国としては共産主義を警戒していた日本ですが、思想的にソ連の掲げる共産主義に共感し、ソ連コミンテルンのスパイとなってしまう者も多くいました。明治以降、西洋の知識、技術を日本に取り入れて日本を近代化させることに没頭していたエリートたちは、自国の伝統を軽んじてしまい、「祖国・伝統」を喪失する状況に置かれていました。そんな時、世界恐慌で経済が混乱すると、「資本主義はもうだめだ」という不信感を募らせ、社会主義・共産主義にのめり込む「左翼全体主義」のグループが現れました。このグループの一部はソ連から送り出されたコミンテルンの「秘密工作」に同調し、日本をイギリスやアメリカとの戦争へと誘導していきました。

しかし、このグループと同様に、社会主義に共感しながらも、戦争を遂行するためには政治的な独裁が必要であり、国体を守るためには全体主義的な政策や統制経済政策も必要だと主張する「右翼全体主義」のグループもできました。このグループが五・一五事件や二・二六事件を引き起こし、大政翼賛会を結成する動きを主導しました。

そして第3のグループとして、「保守自由主義者」がいました。世界恐慌を引き起こすなど不完全な面もあるが、資本主義を維持し、議会制民主主義を尊重するグループです。全体主義、統制経済には反対し、コミンテルンの秘密工作にも警戒しながら、天皇の臣民として自由を守ろうとしました。しかし、政権と軍部が「右翼全体主義者」に主導権を取られ、国民の健全な自由を守ろうとする「保守自由主義者」は弾圧されてしまいました。

ソ連のコミンテルンは、資本主義国家同士の対立を煽り、戦争を引き起こして弱体化を図りました。そして敗戦に追い込んだ国では、その混乱に乗じて共産党が権力を奪う「共産革命」を実現させようとしました。そして、東欧諸国のポーランドやハンガリー、そしてアジアでは中国や北朝鮮で敗戦革命を起こし、共産主義政権を樹立しました。イギリスやアメリカの協力を得て、戦争に追い込んだ日本でも当然、敗戦革命の準備が行われていました。

日本は１９４５年（昭和20年）に戦争で敗北し、政治的警察、特高警察、外事警察、すべてが解体されました。さらに、軍規保護法など、スパイを取り締まる法律も全部廃止されてしまいました。ソ連は、この敗戦後の日本を「共産化」することを目的としてスパイやその協力者を送り込みましたが、昭和天皇や吉田茂総理らがその危機に気づき、ＧＨＱ（連合国総司令部）内の反共派と連携して共産化を防ごうとしました。アメリカのトルーマン政権も東欧のポーランド、チェコ、ハンガリーなどが次々とソ連の衛星国になっていくことに危機感を持ち、対日政策も、日本が共産化することを阻止するという方向に転換しました。

こうして日本は国際情勢としては、アジア南部でイギリスやフランス、そしてオランダとアメリカと対立し、満洲では国境を接するソ連と対峙、そして中国大陸では中国（国民党と共産党）との泥沼化した戦いが続いていました。その国際情勢に加えて、日本国内でもソ連の共産党に感化されたエリートたちが穏健派の「保守自由主義者」を排除し、日本を戦争へと誘導する力が働いていたことになります。

共産主義（社会主義）の怖さはソ連や中国を見るとわかりますが、独裁政権になることです。共産主義とは「全員で生産した富を国民全員に平等に分配する」と聞くと、一見理想的なシステムであると勘違いしてしまいます。しかし、全員に分配する前に、すべての生産物、富を集約する必要があります。そしてその集約する権利を持った人間が、自分の思うように分配するようになると独裁となります。小さな共同体で、全員が協力して働き、全員で分配することが可能な規模がごく小さな共同体では、「共産主義体制」がうまく機能することもありますが、国家レベルの共産主義は非常に恐ろしいシステムとなります。

世界恐慌を経験し、それまでの資本主義ではもう機能しないと思った世界のエリートたちは、この共産主義の落とし穴に気づかずに、次に進むべき「理想のシステム」であると勘違いしてしまったことが問題でした。現在のエリートたちが唱える「グローバリズム」も世界的規模の「共産主義体制」と言えるかもしれません。我々はその落とし穴に気を付けなければならないでしょう。

こうして共産主義の本部であるソビエト連邦を守ろうとする共産主義エリートたちの思惑と、有色人種国家日本を中国市場から追い出したいアメリカ、ルーズベルト政権の企みで日本とアメリカは戦争へと突き進むことになります。

6　日本に勝機はあったのか

さて、このようにアメリカに引きずり込まれるように戦争を始めてしまった日本ですが、中国大陸での戦争が泥沼化している中、イギリスやアメリカと戦争をして勝機はあったのでしょうか。あるとすればどう戦えばいいのでしょうか。日本は満洲事変後、国際連盟を脱退し、国際的な孤立化を深める中で、戦争への危機感を強めていきます。そのような状況の中で、海軍は最強の戦艦「大和」建造に着手し、陸軍は万が一のための戦争計画を練ることになりました。

１９３９年（昭和14年）の秋、陸軍は「陸軍省戦争経済研究班」という本格的なシンクタンクを設置しました。日本には経済的な国力が不足していることを前提として、イギリスやアメリカとの総力戦に向けて打開策があるかを研究するための機関でした。この研究班設立を企画した中心人物は、陸軍省軍務局軍務課長であり大佐であった岩畔豪雄という人物でした。この岩畔大佐の意を受けて、秋丸次朗中佐が班を率いたため、この研究班は「秋丸機関」とも呼ばれました。

この研究班は、欧米諸国によるアジア植民地支配の実態や、アメリカ、イギリスやソ連を操る国際金融資本や国際石油資本などの勢力についても情報を得ていたそうです。そして1941年（昭和16年）11月15日、「対米英蘭蔣戦争終末促進に関する腹案」が日本の戦争戦略として決定されました。日米交渉が行き詰まっている時期でした。それによると、この戦いは日本を守るための戦いでしたが、同時に、アジアにおける欧米列強の植民地支配打倒をも目指したものでした。そして真珠湾攻撃直後の12月12日、日本政府は、この戦争を、東アジア解放の意を込めて「大東亜戦争」と命名する閣議決定を行ないました。

この「腹案」によると、第1段階として、速やかにアメリカ、イギリス、オランダの極東の拠点を叩いて南方の資源地を獲得し、自存自衛の体制を確立することを目標に掲げています。続く第2段階は、比較的脆弱な西側方面、蔣介石政権の屈服と、ドイツやイタリアと協力してイギリスを封鎖、屈服させるという方針を打ち出しています。そしてアメリカについては、イギリスを屈服させることで戦争継続の意思を喪失させるとしています。この2段階の戦略により、戦争を少なくとも引き分けに持ち込めると考えました。

その戦略の「要領」については、まずは第1段階の作戦で長期自給自足に耐えられる態勢を確立させること、そしてアメリカ海軍主力との戦いについては、日本から積極攻勢に出るのではなく、こちらに誘い込んでから撃破するという守勢作戦を掲げています。第2

段階の作戦については、イギリスの植民地を解放しながら、西向きに進み、さらにインドやオーストラリアを攻略または通商破壊などの手段でイギリス本国との遮断を図るとしています。その後はビルマの独立を支援し、インドの独立を刺激するとしています。

さらには、西へと進む日本に呼応して、ドイツ・イタリア軍が北アフリカ、スエズから西アジアへと作戦を展開すれば、大英帝国の植民地をほぼ解放し、イギリスを屈服させることができるとしています。そのためには日本軍がインド洋やインドへと展開することが極めて重要であるとされています。

アジアでイギリスを屈服させ、協力関係にあるアメリカの戦意喪失に持ち込むため、通商遮断や情報宣伝工作も重要であるとしています。ここで注目されるのは、この陸軍の「腹案」では、日本が太平洋を東進して積極的にアメリカ海軍を叩くことは意図していない点です。アメリカ海軍の主力部隊は極東近くに誘い込んで叩くとしています。このようにイギリスとアメリカの力を削いだうえで、中国大陸の重慶に逃げ込んでいる蒋介石軍への支援を遮断し、蒋介石軍を屈服させる。なお、アジア大陸南部に進出する作戦であるため、北方のソ連とは戦争を回避する方針であるとしています。

日本のアジアでの快進撃はこの方針に則った作戦で遂行されたものです。石油を禁輸されやむなく立ち上がった日本が、念願のインドネシアの石油を手に入れることができました。さらに次々とアジアの植民地を解放していきました。しかしながら、この陸軍が綿密に計画した作戦に逆らってハワイを攻撃したのが、海軍の山本五十六率いる連合艦隊でした。しかも、これはアメリカのルーズベルト大統領の思うつぼであり、アメリカが参戦するきっかけを作り、参戦に消極的だったアメリカ国民を激怒させてしまいました。さらにその後、最新鋭の戦艦大和が完成したにもかかわらず、実戦に投入して戦局を立て直すことさえしませんでした。

7　日本が敗戦する原因を作った海軍の作戦

日本陸軍がこれだけ綿密な作戦計画を立てたにもかかわらず、現実にはアメリカに軍事的には完敗してしまいました。その主たる原因は白人国家の中の戦いにおいて、有色人種国家として孤立していたこと、そしてドイツと同様、戦闘を一局面に集中できず、常に2方面、3方面で軍を分散させられたことでした。なぜそうなってしまったか、倉山満氏が日本側にも大きな問題がいくつもあったと厳しい批判をしています。

まずは支那事変で7大都市を落としても勝ちきれなかったのは、中国大陸での戦争戦略を真面目に考えていなかったからだと指摘しています。満洲国を成立させてから共産党員によるテロ活動に悩まされ、事件が起きるごとに軍を送り込み、何度も和平提案を繰り返していました。北のソ連を叩くか、南の中国、それを支援するアメリカやイギリスを叩くか、と議論をしたうえで南進と決定した時点で、中国をしっかりと抑え込む戦略を考えるべきでした。

さらには、陸軍と海軍は予算獲得を巡って対立が続いていましたが、空軍の創設にあたって山本五十六が強硬に反対して潰してしまったといいます。陸軍の方が数が多く、陸軍に軍の主導権を握られるから、陸軍航空隊から海軍航空隊を独立させていたのだそうです。マレー沖海戦でこれからの戦争は航空機が攻撃の中心となることを示したのは日本だったにもかかわらずです。世界では空軍を独立させ、陸海軍省を統合して国防省にし、参謀本部と軍司令部を統合して総合参謀本部を作るという流れが主流でした。そんな時に海軍省の利益だけのために空軍を独立させませんでした。

また、倉山氏は真珠湾攻撃を愚策と一刀両断しています。当時、フィリピンがアメリカ領でしたので、アメリカとやるならフィリピンをとって、長距離を遠征してくるアメリカ艦隊を迎え撃つほうがよほど有利になったと分析しています。さらに、陸軍と同様、日本海軍もその直前まで、アメリカと戦争をするならフィリピン沖で艦船決戦をするという基本方針でした。それをひっくり返したのが山本五十六長官でした。

そして、これは何人かの軍事研究家の人たちが指摘していることですが、アメリカから石油を売らないと禁輸されて起こした戦争だから、オランダ領インドネシアを奪えばよいだけであり、アメリカにケンカを売ってハワイに攻め込む必要はなかったと言っています。

倉山氏はさらに、その後の海軍の作戦にも疑問を投げかけています。せっかくインドネシアの石油が確保できたのだから、後はインドネシアの石油を本土に輸送するためのシーレーンを確保しておけば、委任統治していた南太平洋の島々は日本防衛には関係ありません。そして南太平洋の島々だけに留まらず、オーストラリアまで戦域を広げてしまったことが日本海軍壊滅のきっかけとなったと指摘しています。


せっかく陸軍が詳細な戦争戦略を立てたのに、なぜ海軍はその戦略に従わなかったのでしょうか。当初は西へ向かうはずの戦略でしたが、それに対して真珠湾を目指してアメリカ艦隊を叩くと海軍の重鎮たちさえも抑えて主張したのが山本五十六でした。そしてアメリカのわなだったとは知らなかった日本軍にとって、やってみたら「大成功」に見えました。緒戦のこの「大成功」で海軍が主導権を取ってしまい、陸軍の戦略通りに戦えなかったことが悔やまれます。

さらに石原莞爾のように、日本は満洲から出るべきではない、力を蓄える時期であるからアメリカと戦争などしてはならない、と非戦を訴える軍参謀も少なからずいました。しかし、真珠湾攻撃から半年間の日本の快進撃に有頂天になってしまったエリート幹部たちが下級参謀たちのまともな意見を一蹴してしまったことも大きな原因のひとつだったかもしれません。いつの世も、優秀な頭脳だけで自分たちの都合のよいことだけを空想してしまうエリートたちよりも、現場をしっかりと観察して現場の状況を踏まえた判断をする人たちのほうが正しいと言えるでしょう。

アメリカとの開戦回避を願って、戦争に向かおうとする軍部を抑えられるのは他にはいないだろうということで、首相に任命された東条英機は緒戦の日本軍の快進撃に調子に乗ってしまい、シンガポールを攻略した時、武藤章軍務局長が和議を提案すると、東条は彼を左遷してしまいました。自分が軍部を抑えきれずに始めてしまった戦争をどのように収拾させるつもりだったのでしょうか。

結局、日露戦争で勝つことが難しかった状況をひっくり返して勝ってしまったことで、それぞれの作戦を失敗した時の想定がなされていなかったように思います。特に海軍はミッドウェイ海戦で大敗退をしましたが、それでもしっかり作戦を立てなおし、戦艦大和を有効活用すれば戦局を変えられるチャンスはいくつかありました。そこを見逃してしまっ

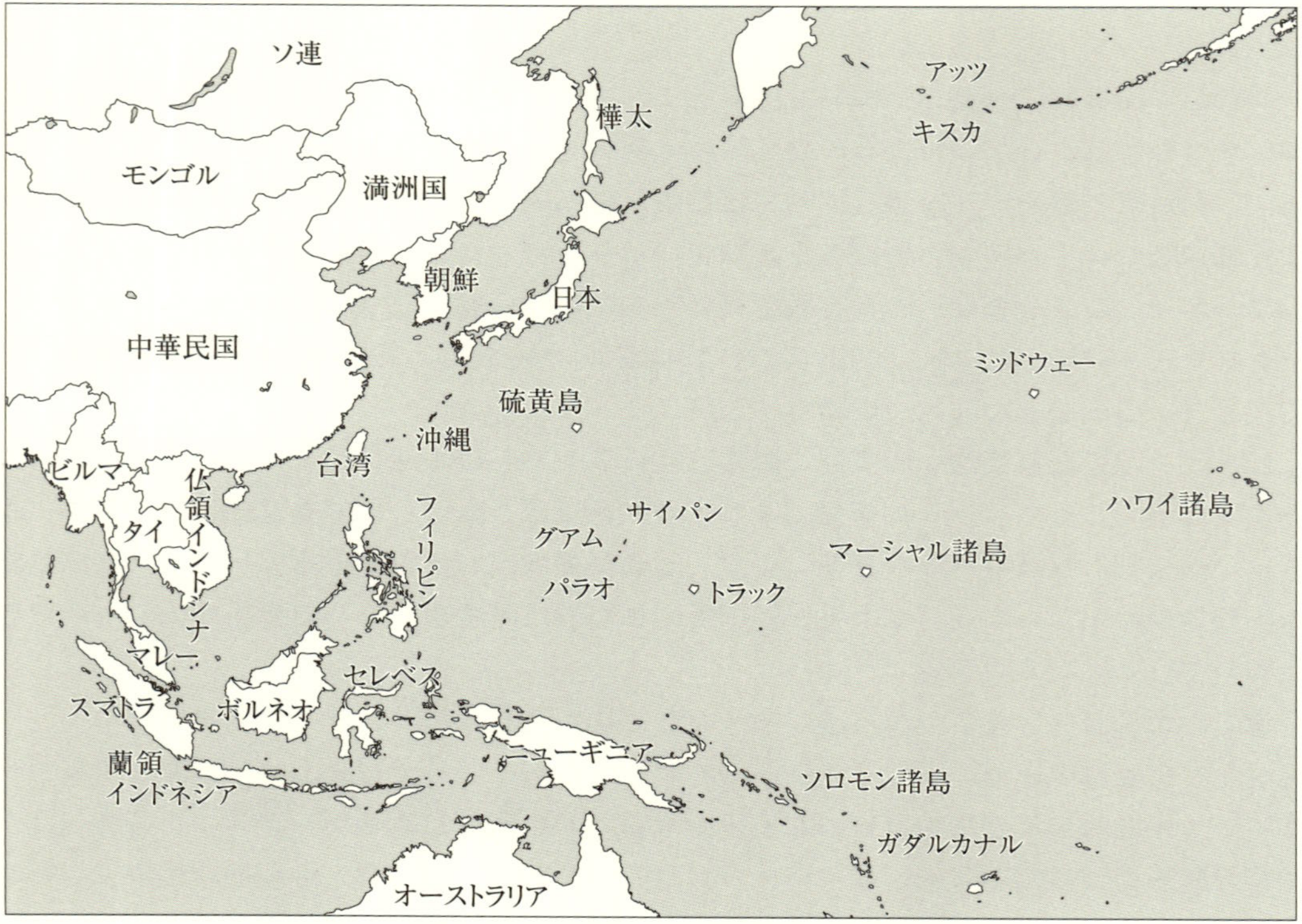

1941年12月から1945年8月まで日本が戦闘した地域

た軍事エリート参謀たちの責任は大きいように思います。

日本の国運を賭けて戦った日露戦争の場合は、戦争を終わらせる停戦交渉まで計画をしたうえで戦争を始めています。真珠湾攻撃を仕掛ける段階で、アメリカとの戦争をどのような形で終わらせるかを考えなかった参謀本部の大失態だったとも言えます。

第3章

アジア大陸での日本の快進撃（1942年前半）

1　日本の南太平洋委任統治政策

そもそも日本はなぜ南太平洋の島々を統治していたのでしょうか。そしてなぜその島々の守備隊は命をかけてまでその島を守ろうとしたのでしょうか。その島々の統治の実態はどうだったのでしょうか。

第一次世界大戦時には、イギリスの要請を受けて日本は東アジアと南太平洋のドイツ軍を駆逐しました。東ヨーロッパではポーランドやチェコスロバキアなどの小国が旧ドイツ領を強引に要求し、ドイツ領が大きく削りとられることになりました。しかし、南太平洋の旧ドイツ領の島々について、日本は日本領とはしないことを提言していました。そして新渡戸稲造が国連事務次長として中心的役割を果たし、「日本は委任なら受けてもいい。ただし、それは将来の現地の独立のためだ」と日本のやり方を主張して、委任統治の制度を国連に認めさせました。

その時に委任統治したのが、パラオ、トラック、サイパンなどの南洋諸島でした。その中のパラオは、１８５５年にスペインの植民地となりますが、人口が90％も減少したと言われています。スペイン人によって天然痘などが持ち込まれたことやスペイン人による略奪や殺戮が原因だと言われています。そして1899年には、スペインは、パラオをドイツに売り渡しましたが、ドイツも現地の人々がつくるココナッツ、タピオカがもたらす富を搾取し放題でした。また、ドイツは南洋諸島を流刑地にしていて、ドイツの軍艦がときどき来て流刑者を置いていくだけでした。

日下公人氏がその著書『こうして2016年、「日本の時代」が本格的に始まった！』（ワック）の中で、日本はそれらの島々を植民地にするのではなく、独立支援をしたと述べています。自分たちで国を運営できるよう、知識や教養をつけるための学校を作り、教育も支援しました。日本語も教えましたが、現地語を奪って強制的に教えたわけではありません。現地語のレベルでは国を運営したり、高度な技術を学ぶことができないからです。現在、多くの非白人国家で大学教育以上の教育を受ける場合に英語で講義を受けているのと同じ理屈です。日本はこれらの島々にまず小学校をつくって現地の人たちの教育をし、運動会をやったり日本の歌を教えたりしました。

日本が戦争に負けた後、今度はアメリカによる信託統治が始まりました。しかしアメリカはそれらの島々に、援助物資を山のように配るばかりで、産業開発にはほとんど金を出しませんでした。そればかりか、マーシャル諸島のビキニ環礁では、1946年から19

58年にかけて住民を強制的に移住させて23回も核実験を行いました。アメリカは南洋諸島の人々の人権など何も気にしなかったのです。

パラオが正式に独立できたのは1994年ですが、パラオの人々がいまだに日本統治時代はよかったと懐かしむのは、そういう理由があるからなのです。

戦後70年となる2015年の4月8日、この南洋諸島のパラオを天皇皇后両陛下（当時）が訪問されました。そして翌日には激戦地となったペリリュー島で、慰霊碑に献花されましたが、現地の人々によって両陛下は大歓迎されました。この様子を見れば、これらの島々の日本による統治が現地の人々にとってどんなものだったかがよくわかります。同様にアジアの人たちも、日本が独立支援したことを知っていますし、アメリカやイギリスも決して口には出しませんが、インドネシア、マレーシア、インドの独立運動は日本が引き起こしたものであることはよくわかっていると思います。

2　アジアのアパルトヘイト

第二次世界大戦で日本軍がアジアの欧米諸国の植民地を解放するまでは、人種差別が公然と行われていました。１９０４年の日露戦争では初めて有色人種国家が白人国家に勝った戦争となり、その知らせを聞いた有色人種の人たちは吉報だと喜びましたが、それは遠くで起こった出来事でした。しかし、第二次世界大戦では日本軍がアジア諸国に進出し、植民地支配に苦しむ有色人種の人たちの目の前で日本兵が白人の軍隊と戦いました。

イギリスが香港に触手を伸ばしたのは、アヘン戦争後の一八四二年だった。

（中略）

イギリスが香港を領有してからおよそ1世紀が経過した一九四一年十二月に、日本軍が香港を占領し、まるで聖書の「黙示録の予言」と「最後の審判」が同時に起こったかのように、大多数の住民によって熱狂的に迎えられた背景には、人種差別があった。

（『人種戦争―レイス・ウォー―太平洋戦争　もう一つの真実』ジェラルド・ホーン著：祥伝社より）

戦後になって、最後まで「人種差別」政策が残っていた南アフリカのアパルトヘイトを世界中の人たちが非難しましたが、第二次世界大戦以前はそのような光景はアジア各地で当たり前であったとホーン氏は述べています。

イギリス領の中国は、そこに暮らす多くの中国人たちにとって地獄のようであり、ぼろ布の衣をまとった極貧生活を送っていた、といいます。アメリカ南部の黒人たちと同じように、香港の中国人や他のアジア人たちは、ヨーロッパ人が享受する権利をまったく認められていませんでした。劇場のチケットはヨーロッパ人しか手にできませんでしたし、ヨーロッパ系のホテルやクラブにも、中国人は入ることはできませんでした。本国からアジアに逃れてきたり、流れてきたヨーロッパ人たちにとって、そこは楽園のようだった、といいます。召使いも食料も安価であり、その贅沢な生活は一九四一年まで享受できました。

植民地で現地民を奴隷扱いして贅沢な生活を享受してきたヨーロッパ諸国は、日本軍がアジアに進出するとたちまち追い払われてしまいました。自分たちの植民地を次々と解放し、独立に向けた支援をした日本軍は、黒人奴隷制度を持つ白人大国のアメリカによって再びアジアから追い払われて日本列島に閉じ込められました。そして戦後、東京裁判という復讐の場で日本に「侵略国」というレッテルを貼り、「犯罪国家」であると非難しました。

A級戦犯の「平和を乱した罪」とは、有色人種国家が白人優位の白人にとって平和な世界をぶち壊したことでした。

3　アジアでの日本軍の展開

中国大陸での戦争で、中国を支援する英米の支援ルートを切るために、日本は真珠湾攻撃と同時にアジア戦線にも戦闘をしかけました。

「太平洋戦争」というと、日本の「真珠湾攻撃」が注目されますが、同時に日本は大英帝国やオランダの植民地にも大掛かりな作戦をしかけました。

また、「真珠湾攻撃」の際に日本側の「宣戦布告」の手交が遅れたことで、「だまし討ち」となって米国が激高したことになっていますが、日本は英国領マレーや香港などを攻める時に「宣戦布告」はしていません。年表を見ると、日本が真珠湾攻撃をしてすぐの12月8日にアメリカ合衆国、イギリス、そして中国国民党が対日宣戦布告、そして12月10日にオランダが日本に宣戦布告、となっています。また、ヨーロッパでの戦争を見ても、正式に「宣戦布告」を宣言していない戦争行為もかなり多くあります。

まずは１９４２年のアジアでの日本軍の進撃の様子をウキペディアから抜粋してみます。

１月２日、ルソン島マニラを無血占領。

1月11日、マレー半島クアラルンプール占領。

1月23日、ニューブリテン島ラバウル占領。

1月31日、タイからビルマ侵攻開始。マレー半島ジョホールバル占領。

2月14日、蘭領東インド（現インドネシア）スマトラ島パレンバンを落下傘部隊で占領。

2月15日、シンガポールの英豪軍が降伏。

3月5日、ジャワ島バタビア（現ジャカルタ）を占領。

3月7日、東インドのオランダ軍降伏。

3月8日、ビルマ（現ミャンマー）ラングーン（現ヤンゴン）占領。

5月4日、英領ビルマのアキャブ占領、ビルマ制圧完了。南方作戦完遂。

5月8日、米領フィリピン・コレヒドール島の米軍降伏。

このように1942年の前半はアジア各地で快進撃を続けていました。

4　イギリスも日本軍がアジアに進出することがわかっていた

イギリス側は日本が攻撃してくることは、3カ月も前にアメリカのルーズベルト大統領から連絡を受け承知していました。日本の真珠湾攻撃は「だまし討ち」ではなかった、ということです。日本が攻めてくることがわかっていたので、本来はドイツとの戦いで活躍するはずの最新鋭艦プリンス・オブ・ウェールズがアジアで待機していました。

ねずさんブログ（R3.12.10マレー沖海戦）によると、イギリスの戦艦プリンス・オブ・ウェールズは、14インチ砲を10門装備、さらに1分間に６０００発もの弾丸を発射するという対空砲を全身に装備していました。イギリスは２年も前から、ヨーロッパ戦線でドイツ・イタリアの航空機に襲われる経験を積んでいました。対空戦の経験も充分で、ドイツ・イタリアの航空機を数多く撃ち落としていました。当時の技術では世界中のどの戦艦も敵わないし、どんな航空機攻撃をも撃退されるとされていました。英国首相のチャーチルは、東洋にある英国領土の植民地利権を守るために、この最強戦艦を旗艦とする艦隊をマレー沖に派遣しました。

イギリスの最強戦艦プリンス・オブ・ウェールズは日本が真珠湾攻撃をしたからあわててヨーロッパからアジアに持ってきたわけではありません。アメリカから日本の情報を得て、日本軍を迎え撃つためにあらかじめアジアに配備していたわけです。さらに、真珠湾攻撃の12月８日（日本時間）の前日にこのプリンス・オブ・ウェールズともう一隻の戦艦レパルスがシンガポール港を出て、マレー沖で日本軍を迎え撃つ準備に入ります。日本軍がいつ攻めてくるかも筒抜けだったということです。そしてイギリス最強の戦艦2隻が待ち構える海域に日本の戦闘機が攻め込み、世界史上最初に戦闘態勢の戦艦を沈めました。これにより世界の海戦が変わりました。日本が、世界の海戦を変えた戦いがマレー沖海戦でした。

その沈むはずのない英国最新鋭艦プリンス・オブ・ウェールズが沈んでいく際、日本は国際法を守って乗員退避のための十分な時間を与え、最期を見守りました。マレー沖海戦では、まず戦艦レパルズが沈み、次いでプリンス・オブ・ウェールズが大破しました。プリンス・オブ・ウェールズの艦長のトマス・フィリップス海軍大将は、日本の航空隊に向け、乗員を退艦させるので、30分時間をほしい、と打電しました。日本の航空隊はこの要請を呑み、空で待機しました。

そのおかげでウエールズの乗員たちは、巡視船エクスプレスに乗り移ることができ、沈められたレパルスの乗員も捜索する時間が与えられ、イギリス軍は800名以上を海から救助することができました。イギリス軍の救助活動の間、日本軍はいっさいの攻撃行動をしなかったのです。プリンス・オブ・ウエールズの乗員が全員退艦したあと、トマス司令官はひとりデッキに残り、艦とともに死ぬことを選びました。日本の航空隊はそれを見届けると、上空で全機整列し一機ずつデッキ前を通過して、トマス艦長に航空機での最敬礼をして、敬意を払っています。トマス艦長も最敬礼で応答しています。

さらに、マレー沖海戦の翌日、一機の日本機が、戦闘のあった海域に再度飛来していま す。その機は、海面すれすれまで下降すると、現場海面に花束を投下して去っていったのです。敵となり、味方として死んでいった同じ海の男たちの敢闘に、弔意を表したのです。このように日本軍は国際法を遵守した戦いをしていきました。

アメリカもイギリスも日本がこれほど手ごわい相手だとは思っていなかったようです。あくまでも主敵はドイツであり、日本は片手間にさっさと片付けて、対ドイツ戦に備えるつもりだったのが、アメリカはドイツを倒してからもなお、日本と戦い続けました。イギリスはアジアの大英帝国が日本によって崩壊させられるとは思っていなかったことでしょう。イギリスはなぜ、当時、世界最強と言われ、ドイツやイタリアとの戦闘でも十分に力を発揮することがわかっていた戦艦プリンス・オブ・ウェールズをわざわざマレー沖に持ってきたのでしょうか。これはあくまでも推測なのですが、この最強戦艦で短期間のうちに日本の攻撃を封じ込めるつもりだったのだと思います。アジアでの日本の軍事行動は抑え込むので、アメリカには安心してヨーロッパ戦線でドイツを封じ込めてほしいと思っていたのではないでしょうか。そして日本を手も足も出ない状態に抑え込んだら、悠々とプリンス・オブ・ウェールズをヨーロッパ海域へと戻し、ドイツ軍への攻撃に使うつもりだったのでしょう。

しかし、その目論見は一瞬のうちに崩れ去ってしまいました。自国を守るために必死になって富国強兵を行ない、戦闘機の機能を全力で向上させてきた日本軍の力を見誤っていたようです。

5　日本軍の人道行為

実際の戦闘でも、日本軍は国際法に則って戦いを進めていました。それは明治の開国以来、不平等条約を撤廃するために、西洋諸国に認めてもらうことが必要だったからでした。日露戦争で思わぬ勝利を得た日本は少々おごりが出た部分はあったかもしれませんが、戦闘行為において、他国のような非道な行為に走ることはありませんでした。白駒妃登美氏は『勇気をくれる日本史　誰も知らない偉人伝』（ＫＡＤＯＫＡＷＡ）の中で、むしろこんな人道的な行為もあったことを紹介しています。

１９４１年12月の真珠湾攻撃と同時に、日本軍はアジア地域でも作戦を展開しました。

そして１９４２年（昭和17年）３月、インドネシア・スラバヤ沖で行われた戦いで、日本海軍は連合国艦隊を撃破しました。連合国艦隊は８隻を失って退却しましたが、日本側は駆逐艦１隻を損傷したのみで、圧倒的な勝利を収めました。その結果、日本軍はジャワ島に進出しインドネシアの占領が進んでいくことになります。この海戦の翌日、工藤艦長が指揮する戦艦『雷』は、海面に多くの将兵が漂っているのを発見しました。前日の日本との戦いで沈没した艦船に乗っていた４００名以上のイギリス人将兵たちでした。

後の太平洋での海戦では、アメリカ軍は海に漂う日本兵を容赦なく機銃掃射して海に沈めました。この時のイギリス兵たちも、日本の戦艦を見て、「自分たちは撃ち殺される」と恐怖に怯えました。ところが工藤艦長は、「敵兵を救助する」と命令を出しました。乗員たちも速やかにその命令に従い、イギリス人将兵たちを救助しようと、はしごを降ろしました。しかし、長い間海を漂っていた彼らは力が入らず、救助のはしごをうまく上ることができませんでした。その弱り切ったイギリス兵の姿を見た日本兵たちは次々と海へと飛び込んで彼らに手を貸しました。「雷」に乗船していた乗員はわずか１５０名程度でしたが、みんなで手分けをしながら、４２２名ものイギリス兵を救助しました。

この時は戦争の真っ最中です。エンジンを止めて救助活動するのは自殺行為に等しいものでした。国際的な法規においても、海軍に関しては、非戦闘員に対して救助しなければならないという決まりもありませんでした。それにもかかわらず、工藤艦長は、わざわざエンジンを止めるという危険を冒してまでも、敵のイギリス兵の救助を命じました。工藤艦長は日ごろから乗員に慕われ、深い信頼関係があったからこそ、自分たちが危険を冒してまで工藤艦長の命令に従ったのだそうです。

戦艦「雷」の船員たちは救出したイギリス兵を温かくもてなしました。船に積んである貴重な真水を使って、沈没船の重油にまみれたイギリス兵たちの体を洗ってやり、衣服も提供し、さらに400人を超える彼らの食事も用意したそうです。そして、ボルネオ島の港で、連合国側の病院船に彼らを引き渡しました。戦後になって、この工藤艦長の人道行為を本に載せてくれたイギリス人がいました。そのおかげで工藤艦長の人道行為が知られるようになりました。

1996年（平成8年）、『マイ・ラッキー・ライフ』というタイトルの本が出版されました。著者は、スラバヤ沖海戦で工藤艦長に救助された英国将兵のひとり、フォール氏でした。この本の中で、彼は工藤艦長に対する謝辞を述べています。そして、この出版がきっかけとなって、フォール氏は工藤艦長のご遺族の消息や彼の墓所を知ることとなりました。フォール氏は、2008年（平成20年）、90歳近い高齢であったにもかかわらず来日し、工藤艦長の墓前で手を合わせています。工藤艦長が亡くなったのは、戦後30年以上が経過した、１９７９年（昭和５４年）のことでした。しかし、工藤艦長ご自身は、このスラバヤ沖海戦については、ご遺族にも何も語らなかったそうです。

6　マレー半島での戦い

日本軍は海戦だけでなく、アジア大陸での陸戦でも快進撃を続け、大英帝国陸軍を次々と蹴散らしていきました。その中で、大英帝国のアジア支配の拠点であったシンガポールを目指したマレー半島での作戦に注目してみましょう。イギリスの植民地として長年苦しめられてきた現地民のマレー人は、日本軍を解放軍として迎え入れ全面協力します。一方で、イギリス人の支配下で、現地民のマレー人の搾取に手を貸し、甘い汁を吸ってきた華僑の人たちにとって日本軍はにっくき敵となりました。おそらく、アジアのどの国においてもこのような構図が見られたのだと思います。

日本軍がハワイ真珠湾攻撃をしたのと同じ日、日本の陸軍の3個師団が英領マレーのコタバルとその北のタイ領シンゴラに上陸しました。その後、すぐ南へと進軍し、イギリス軍がタイとの国境に設けた要塞ジットラインを攻撃しました。イギリス軍はその堅固な要塞で日本軍を食い止め、その間に最新鋭艦プリンス・オブ・ウェールズが日本軍の海の補給線を断ち、数の上で優勢なインド兵が日本軍を撃破するはずでした。しかし、その読みははずれ、開戦3日目にプリンス・オブ・ウェールズが沈められ、ジットラもたった1日で落とされてしまいました。

そこから日本軍の快進撃が始まりました。自転車で進軍する銀輪部隊は1日平均20キロも進みましたが、それを支えたのは地元のマレーの人々でした。朝日新聞従軍記者、酒井寅吉の『マレー戦記』によると、日本軍は敵と遭遇すると自転車を捨てて密林に入り、敵を殲滅しました。戦いが終わり、乗り捨てた自転車を取りに戻ろうとしたら「マレー人が自転車を担いで持ってきてくれた」ため、ロスタイムは最小で済んだそうです。

おかげで戦いははかどったが、密林には思わぬ敵も潜んでいたとも戦記に記されていました。それが現地華人たちでした。「我々が最も悩まされた陰湿な敵だった」と戦記に書かれています。英国側の記録によると、マレーには350万の華僑がいました。彼らは英国人のよきしもべとしてマレー人をゴム園で働かせ、ついでに彼らに阿片を売って財を成していました。日中戦争が始まると華僑は在マレーの日本人家庭を襲って殺し、日本軍が来ると率先してサボタージュもやったそうです。

シンガポールでは戦後、日本軍の大虐殺があったとされましたが、高山正之氏が、『変

見自在　朝日は今日も腹黒い』（新潮社）の中で、実態はこのようなものだったと述べています。

マレー人の協力を受け、日本軍がイギリス軍を追い詰めると、現地司令官のパーシバルはシンガポールにあるチャンギー刑務所に収監中の華人犯罪者を引き出して約３０００人の部隊を編成しました。部隊といっても軍服はなく、いわゆるゲリラ兵の集まりというものでした。昭和17年（１９４２年）２月、日本軍がシンガポールに上陸するとパーシバルはこの部隊にカネを渡して街中に潜ませました。それが2月13日、降伏の２日前で、彼らは武器を持ったままシンガポールの街中に散っていきました。

彼らのうち戦死が確認されているのは１３４人のみ。日本軍はシンガポール進駐後に彼らを通常の兵士として取り扱おうと、本人の申告と武装解除を求めましたが、それに応じる者はいませんでした。ちなみに、朝鮮動乱時の米軍はこうした状況では女子供を含め全員処刑しましたが、日本軍は、銃創があるなど相応の根拠をもとに処分を進めました。日本軍が処刑した数はこのゲリラ部隊総数の４分の１にもならなかったそうです。これが後にシンガポール大虐殺といわれる事件の顛末でした。

第一次世界大戦（１９１４年～１７年）ではヨーロッパ地域限定の戦争だったため、日本軍は中国大陸のドイツ軍と相対したのみで、それほど大した被害はありませんでした。しかし、大国ロシアと戦った日露戦争（１９０4年～０5年）では、近代化を始めたばかりだったこともあり、大変な苦戦を強いられました。同盟国のイギリスの協力もあり、なんとか大国ロシアを満洲以北に押し返しました。それから40年も経たないうちに、なぜ日本軍はこれほど快進撃を続けられるほど、強力な軍隊を持てるようになったのでしょうか。

幕末に隣の清国を視察した高杉晋作は上海の租界に「犬とシナ人は入るべからず」という看板を見て、日本がこのようになってはいけないと決意したそうです。隣の清国が西欧列強に荒らされていく様を見た当時の日本人は、日本がこのように西欧列強の植民地と成り下がってはいけない、と強烈に感じていました。また海外使節団がヨーロッパで「国力は経済力、軍事力は国力である」というアドバイスを忠実に守り、経済力を高め、それに伴って必死に軍事力も高めていきました。「自分の国を守る」という意識はどの国よりも高かったと思われます。真珠湾攻撃の際の魚雷の工夫などもその一例となりますが、兵器の能力増強、戦艦の性能アップにも全力で取り組み、奇跡のような戦闘機ゼロ戦までも開発しました。

それに対してアジアで日本に対峙した大英帝国はあくまでも植民地経営の利権を守る戦いです。最前線は現地兵であるインド兵が主力で、白人兵は後方で控えているだけでした。

それでもアジア利権の拠点であるシンガポールの攻防となった時はかなりの数の白人兵が捕虜となりましたが、日本兵と比べて戦闘に対する意識の差は大きかったのではないかと考えられます。それに加えて、それまで白人支配下で奴隷扱いされていた現地民が進んで日本兵に協力したことも日本の快進撃に大きく貢献したのだと思います。

7　日本統治の実態：マレーシア

１９４１年、最後まで日米交渉を続け、日米開戦を避けようとしてきた日本ですが、アメリカと戦争をしなければならないとなった時、アジアの国々の独立支援をすることも決めました。日下公人氏は著書の中でこう述べています。

日本は開戦前の昭和十六年春に、『南方軍政要領』というものを御前会議を開いて決定している。当面は軍政を布くが、日本の占領は暫定的なものであり、将来は独立させると書いてある。その『軍政要領』は、マレー、ビルマ、インドネシア、フィリピンの国別に、国情に応じて異なった要領になっている。

軍政は軍人が直接やるものではない。当初は軍人が入っていって治安回復をするが、治安が回復した時点で、軍属の民間人が派遣されて独立のための準備をする。軍属は、軍人でも純粋な民間人でもない中間的な存在で、資源開発でも産業振興でもする。それから行政や裁判もした。

（『こうして2016年「日本」の時代が本格的に始まった！』日下公人著：ワック）

日本のアジア諸国解放後の日本統治の様子も戦後の通説によると、西欧列強の植民地支配が終わっても、日本が新たに過酷な植民地支配をしただけだった、とされていますが、実態はかなり違っていたようです。もし、日本が西欧列強と同様の支配のしかたをしていたとしたら、戦後、アジア諸国の人々がなぜ強い意志を持って独立に向けて戦おうとしたのでしょうか。西欧諸国がそれらの国々に独立を促したからではありません。西欧諸国は植民地経営のうま味が忘れられず、むしろ、日本軍が退いた後、再び植民地を取り戻そうと軍を送ってきたのです。その西欧の軍を迎え撃ち、必死に追い返して独立を勝ち取ったのです。何が彼らを変えたのでしょうか。

さらに日下公人氏によると、日本は開戦前、「軍政要領」を作成し、アジア諸国に侵攻後、当面は軍政を布くが、将来は独立させる決定していたとあります。治安が回復した時点で、軍属の民間人が派遣されて独立のための準備をしていきます。軍属は、軍人でも純粋な民間人でもない中間的な存在で、資源開発でも産業振興、行政や裁判など現地民が国家の組織を整えていくための様々な支援をしました。日下公人氏の父親もそのような軍属だったそうです。当時のマレーには６つの州のそれぞれに裁判所があり、そのひとつに赴任されたそうです。日下氏が所長で、その下にマレー人の判事が10人いました。

当時のマレー半島はイギリスの植民地であり、裁判もすべてイギリス式で行われ、司法試験そのものもイギリス式であったそうです。それに対して日本ではフランス式を土台にして裁判の仕組みが整備されていました。イギリス式裁判のやり方を懸命に勉強してその通りに実行しようとするマレー人判事たちを眺めていて、ある時、日下氏は部下のマレー人にイギリス式だけにこだわる必要はない、と声をかけたそうです。するとマレー人判事たちは「はい、わかりました。もうイギリス式は古いとわかりました。これからは日本式をやりますから、日本式を教えてください」と答えたそうです。それを聞いて日下氏は、「君たちは何を言ってるんだ！　日本式を習いたいとは何事だ。君たちはマレー人なんだから、マレー式をやらなければダメだ。日本式というのはもともとはフランス式だけど、中身は日本式に変わっている。その苦労を君たちもしなければダメだ」と彼らに言いました。これを聞いて彼らは感激して、日本人は途方もなく偉いと思い、自分たちもマレー式を作ろう努力したということです。

この話は『こうして2016年「日本」の時代が本格的に始まった！』の著書、日下公人氏の父親のエピソードですが、マレーだけでなく、他の地域でも同様の独立支援が行われていたようです。

長く欧米諸国の植民地にされていたアジアの国々では、日本人が独立を支援するまで、現地の人たちは独立のことなどまったく考えていませんでした。マレーシアの元上院議長も、日下氏と接するまでは独立のことなど考えていなかったと言います。日本軍がイギリスを追い出してくれたが、支配者が変わることは困るので日本に負けないでほしい、という程度に思っていたそうです。しかし、現地に派遣された軍属の日本人の人たちは「軍政要領」で現地の独立支援を考えて現地民を指導していきました。そして日本が一時的に占領したことで彼らの意識は変わり、日本に感謝し、日本を支持するようになっていきました。

8　日本統治の実態：ミャンマー

もうひとつのアジアの国、ミャンマーはもともと仏教国で豊かなビルマ人の国でしたが、イギリスの間接統治によって他民族国家になり、ビルマ人は最下層に落とされてしまいます。産経新聞記者の高山正之氏が著書でこう述べています。


ミャンマーことビルマは、もともとは仏教を信ずるビルマ人の国だった。

十九世紀、この国を征服した英国はすぐに大量のインド人と華僑を入れて金融と商売をやらせた。

さらにモン、カチンなど周辺の山岳民族を山から下ろしてキリスト教に改宗させ、彼らに警察と軍隊を構成させた。

単一民族、単一宗教のビルマはこれによって多民族、多宗教国家に改造され、この国の主だったビルマ人は農奴に落とされてしまった。

（「変見自在　スーチー女史は善人か！」高山正之著：新潮社より）

このイギリスの植民地支配に抵抗し、ビルマ人の国を再興しようとしたのが、アウンサン氏でした。日本軍はビルマの英軍を追っ払うという彼の夢を実現させてくれました。植民地政府からインド人を追い出し、ビルマ人官僚を育て、山岳民族が仕切ってきた警察と治安部隊を解体し、ビルマ人の国軍を創って独立させました。しかし、その当時はすでに戦況は日本軍に不利な状況でした。アウンサン氏のビルマが日本軍と行動を共にすれば潰されてしまいます。日本軍の敗戦が濃厚になってくると、アウンサン氏はヒュー・シーグリム英軍少佐と通じてビルマの独立承認するのと引き換えに日本軍を裏切ることを約束しました。それは小国が生き残るための知恵でしたので、日本側もそれは理解し彼の寝返りを特に咎めることはしませんでした。

しかし戦後、ビルマ独立を認めたイギリスは、ほんのひとときとはいえイギリス植民地統治に盾突いたアウンサン氏だけは許さず、権力争いに見せかけて暗殺しました。このアウンサン氏の遺児がアウンサン・スー・チー氏です。

ビルマは経済を華僑とインド人に握られたままで、山に戻らない山岳民族も不満分子として居残り、現在までその民族問題を引きずっています。アウンサン氏の意志を継いでこれらの不満分子の処理に当たったのがネ・ウィン氏とそれに連なる軍事政権でした。彼らは鎖国政策をとり、経済活動を停滞させることで商売のうまみをなくして華僑が出ていくことを期待しました。高利貸しのインド人を追い出すため、新札発行と徳政令も頻繁に行いました。しかし成果はなく、インド人も華僑も山岳民族も居残り、国は貧乏になっただけでした。

◇◇◇

以上、２つの国の例を出しましたが、他にもインドネシアでは現地民の軍隊をつくる指導もして、実際に第二次世界大戦終戦後に現地に残って独立運動に協力した日本兵もいました。また、インドでは直接独立支援をしたわけではありませんが、インド国民軍の創設に協力し、日本兵が先頭に立ってインパール作戦を仕掛け、インド独立の機運を高めました。現地民に武器を持たせ、軍事指導をするというのは、よほど信頼関係がなければできることではありません。欧米諸国が統治した植民地ではあり得ないことでしたが、日本が統治した国々では国の運営指導と並行して軍の創設、軍事指導が行われ、そのことがそれぞれの国が戦後、独立していくことに大いに貢献しました。このような意味でも、日本がアメリカとイギリスの策略にはまって数カ月で降伏してしまわなかったことは、戦後の世界に大きく影響を与えたと言えるでしょう。

また、これも皮肉なことですが、日本が欧米列強との戦争を十分に意識して、本土防衛をしっかりと計画し、西はフィリピン、インドネシア、南はマリアナ諸島、東はミッドウェイ、北は千島列島の北端、占守島《しゅむしゅとう》の防衛ラインの内側をしっかりと防御したなら、アメリカ軍はやすやすと防衛ラインの内側に入ることはできず、日本本土はあれほど悲惨な空襲、原爆投下にさらされることもなかったでしょう。また、日米戦争直前に出されたハル・ノートは日本にとっては最後通牒に等しい屈辱的な内容でしたが、この時、日本が満洲をあきらめて引き揚げる選択ができていれば、日本の本土は守り切れたのかもしれません。しかし、日本がそのような行動を取った場合は、日本軍がマレー、ビルマ（現ミャンマー）、インドまで出ていくことはなかったかもしれません。そしてそれらの地域は戦後も植民地として残り続け、現在も「人種差別」が続いていたかもしれません。

9　日本のアジア進出は侵略ではなかった

欧米列強の植民地支配は基本的に間接支配であり、たとえばマレー半島では最下層のマレー人は搾取され地獄の苦しみを味わっていたが、中間層の華僑はマレー人から税を搾り取り、それを支配層のイギリス人に上納することで豊かな生活を享受していました。戦後、マレー人の国家マレーシアが成立すると、植民地時代中間層として経済を牛耳っていた華僑の人たちはマレー人の支配を嫌い、半島の先端に華僑国家のシンガポールを造りました。

また、ベトナムでは戦後も長く「ベトナム戦争」を戦い、フランス軍、アメリカ軍を追い出した後、中間搾取をしていた華僑を追い出して、ベトナム人の国家を成立させました。そして、ベトナム戦争が終わった直後のボートピープルの大半は追い出された華僑の人たちだったと高山正之氏がその著書『中国と韓国は息を吐くように嘘をつく』（徳間書店）の中で述べています。

ボートピープルとは「共産主義体制を嫌う人たち」と当時は言われていましたが、その大半の約１２０万人は実は華僑の人たちでした。華僑の人たちは、ベトナム戦争は１９７３年3月にアメリカ軍が撤退した時点で終わったと思っていました。アメリカ軍が去った年の秋にはキッシンジャー氏と北ベトナムのレ・ドクト氏にノーベル平和賞の授与も決まっていましたが、レ・ドクト氏は受賞を断りました。そして北ベトナムはさらに戦争を続けて南を攻め、１９７５年4月、サイゴンは陥落しました。アメリカ軍が去った後は、植民地時代、中間層としてベトナム人を搾取していた華僑を追い出すための戦いだったのです。北ベトナムの兵士たちは、サイゴンに入るとすぐに華僑の家を襲い、彼らの財産を没収しました。それで逃げ出した多くの華僑がボートピープルの正体でした。

人口70万の華僑の街ショロンは10万に減った。

ハノイに革命博物館がある。入ってすぐの部屋に仏印時代の統治の形を示す大きな諷刺画が掛けられている。

一番上でふんぞり返るフランス人。その下に太った支那人がいて、その下にベトナム人官僚、そして最下段に瘦せ衰えたベトナム農民が描かれている。

ベトナムの華僑は明の崩壊時に逃げてきた「明郷」が元という。フランス統治が始まると白人に取り入ってその代理人として特権を振るい、肥え太った。戦後も支配者として入ってくる白人に仕えてベトナム社会の支配階級に深く食い込んでいった。

彼らは米軍撤退後もそのまま居残り、統一国家ベトナムを支配するつもりだった。

（『中国と韓国は息を吐くように嘘をつく』高山正之著：徳間書店より）

しかし、北ベトナムは華僑たちの目論見を見抜き、アメリカ軍を追いだした後もさらに戦い続けて華僑を一掃しました。国内の華僑を処分した後、ポル・ポト派が牛耳る隣のカンボジアの制圧に乗り出しました。クメール民族主義を掲げるポル・ポト派は北京と組んで国内のベトナム人を虐殺し（キリング・フィールド）、さらに中国共産党の指示でベトナムを威嚇していました。ベトナムの華僑を１２０万人も追い出され、ベトナムによってカンボジアのポル・ポト派を制圧された中国共産党は、ベトナムを懲罰するための軍事行動を起こしました。これが１９７９年2月から3月に起きた中越戦争でした。しかし、ベトナムはこの時も中国軍を追い払っています。

このように欧米列強の植民地政策で最下層に落とされ、搾取され続けた現地民は日本軍が侵攻してきた時は「解放軍」と歓迎し、できるかぎりの支援をした場面が多かったようです。一方で、マレーシアやベトナムの華僑のように、支配階級の白人に協力して中間搾取をして贅沢な暮らしを享受していた階級の人々は、日本軍の進出によって、その体制がひっくり返されてしまい、日本軍を恨む者も多かったようです。フィリピンなど日本がしっかり統治できないうちにアメリカに取り返されてしまったような国では、このような華僑が多く残り経済力を背景に発言力もあるため、「日本は犯罪国家である」と叫ぶ白人国家連合の声に同調しているようです。一方でタイ、マレーシア、インドなどの国では、「日本は植民地から解放してくれた救世主であった」と日本を擁護してくれています。

10　インドネシア独立その後を見守った日本人

インドネシアの独立戦争では第二次大戦後、降伏した日本軍は、連合軍に引き渡すべき武器を装備が不十分なインドネシア兵のためにそっと残しておいたそうです。その武器をとって立ち上がったインドネシア兵とともに戦うために、日本への引き揚げをあきらめた日本兵も多くいました。彼らは１９４５年から１９４９年までの４年５か月、再植民地化を目指してやってきたオランダ軍と戦い続け、ついに独立を勝ち取りました。

しかし、白駒妃登美氏の『歴史が教えてくれる日本人の生き方』（扶桑社）によると、その戦闘には加わらず温かくインドネシアが独立するのを見守った日本人がいたそうです。インドネシアの日本軍のリーダーの一人に、柳川宗成さんという人がいました。柳川氏は、彼の部下の多くがインドネシアに残ってインドネシア兵とともに独立戦争を戦うことを決意したのに、日本へ帰国することを選びました。彼の部下たちは「あなたはここにいる誰よりも、この国の独立を望んでいたのに、この国を見捨てるのですか」と、不満をあらわにしました。しかし、柳川氏はそれに対し、「見捨てるのではない。見守るのだ。一国の独立というのは、その民族が自分たちの手で勝ち取らなければ意味がない」と答えたそうです。

日本に帰国した柳川氏は、連合国側によって法廷の場に引き出されました。するとその法廷の場で柳川さんは、「もしインドネシアにおける日本軍になんらかの罪があるとすれば、それはすべて自分の責任だ」と、部下をかばう発言をしたそうです。しばらくの間投獄されていた柳川氏は、その後釈放され、そのまま日本で暮らしていました。戦後日本は、奇跡と呼ばれる経済復興を遂げました。そしてその日本の復興のシンボルともいえる１９６４年（昭和39年）の東京オリンピックの年、柳川氏は家を売り払い、家族全員でインドネシアに移住し、その地で生涯を閉じました。そのころまでに柳川氏が手塩にかけて指導してきた青年たちが国を支える大黒柱へと成長していました。柳川氏を慕う彼らが大挙して葬儀にかけつけ、国葬のような葬儀であったといいます。柳川氏は独立したインドネシアを見守るために、人生の最後はインドネシアに渡ると決めていたと思われます。

11　日本はアジア諸国独立のきっかけを作った

アジアの人たちが第二次世界大戦後、実際に独立を勝ち取ったのはそれぞれの国の国民の力でした。しかし、長い間、植民地支配を強いられ、自分たちの力で独立するなど、思ってもいなかったアジア人が独立に向けた行動を取ることができたのは、明らかに日本がアジア進出し、独立支援したためでした。日本が「侵略戦争をした」というのは事実ではありません。実際にアジアを侵略していたのは欧米列強の国々でした。日本はアジアで戦争をしましたが、戦った相手は植民地支配をしている欧米列強の軍隊でした。そして日本がアジアで戦ったことによって、植民地支配をしていた欧米列強の国々をアジアから排除することになりました。

ジェラルド・ホーン博士の著書『人種戦争』は、日本の大英帝国に対する戦争を「人種戦争」だったと位置付けています。第一次世界大戦後、日本は世界で最初に「人種差別撤廃」「人種平等」を国際社会に訴えました。しかし、現実には第二次世界大戦が終わるまで、世界の大半は白人国家が支配していました。白人による有色人種への差別が厳然として存在し、白人に歯向かう有色人種は全員虐殺されました。白人に抵抗する者はすべて殺されたので、残っていたのはほとんどが白人に抵抗しない、白人に恭順の意を示す有色人種だけとなってしまっていました。そこに現れ、支配者の白人を追い出し、有色人種国家が独立するための支援をしたのが日本でした。

日本も幕末は白人国家に呑み込まれる危機もありましたが、西洋から文化や技術を学び取り、「富国強兵」政策で経済力と軍事力をつけ、ついに１９０５年（明治36年）には白人国家の大国ロシアを日露戦争で打ち負かすまでになりました。しかし、一方で海外に移住したり、出稼ぎに出ていった日本人の多くは現地での「人種差別」に苦しんでいました。自分たち自身が「人種差別」のつらさを知っていたので、ドイツと同盟を組んだ時も、「ユダヤ人差別政策」は拒否し、迫害から逃れてくるユダヤ人を積極的に保護、支援しました。

アメリカとの関係が悪化する１９４１年（昭和16年）の春には、「南方軍政要領」を作成し、そこには植民地支配を解放させた地域では、当面は軍政を布くが、日本の占領は暫定的なものであり、将来は独立させると書かれています。日本はこの要領に従って、植民地支配を終わらせた後、政治面だけでなくその国が独立を維持するための軍事力の育成まででも指導しました。最終的に日本は敗戦してしまったので、最後の独立するところまで見届けられた国はありませんでしたが、日本の指導を受けて確実に現地民に独立への意識が植え付けられました。日本が敗戦して退いた後、アジアの国々が次々と独立を果たしたのはそのおかげだったと思います。

第4章

太平洋戦では日本が追い詰められていく

（１９４２年後半～４４年）

アジア大陸での戦いでは日本陸軍は快進撃を続けましたが、太平洋でのアメリカ海軍との戦いでは、日本海軍は苦戦を強いられました。日本本土を防衛するという点においては疑問の残る真珠湾攻撃でしたが、山本五十六長官の強い希望で「アメリカをたたく」奇襲は成功させました。しかしながら、停泊している戦艦、待機していた航空機などの破壊には成功したものの、地上の基地施設、石油備蓄タンクなどの攻撃は行なわず、当然、パールハーバー基地の占領などもせず、引き返してしまいました。

アメリカにとって、日本軍の見事な攻撃で想定以上の被害は出たものの、真珠湾に無防備に停泊してあった老朽戦艦は「おとり」であり、また陸上基地の工場、修理施設、そしてなにより500万バーレルの石油を貯蔵していた石油タンクも攻撃されませんでした。そのため、日本軍が去った後、直ちに修理ドックで修理可能な戦艦は修理され、燃料の石油もたっぷりと入れて戦列に復帰させることができました。果たして日本軍の真珠湾攻撃は「成功」だったのでしょうか。

１　ミッドウェイ海戦（１９４２年６月）

そして、１９４２年の4月18日、アメリカは日本に奇襲をしかけました。米空母ホーネットは日本本土に接近してジミー・ドーリットル中佐率いるＢ‐25ミッチェル双発爆撃機で編成された爆撃隊を発艦させました。東京、名古屋、大阪を12時間かけて散発的に爆撃した後、日中戦争下の中国大陸で日本軍支配地域外への脱出を図り、不時着後に機体は放棄されるということがありました。空襲による被害は微小でしたが、日本本土上空にアメリカ軍機が侵入したことは日本に大きな衝撃を与えました。

日本海軍はアメリカの艦隊をおびき出して迎え撃つために、ハワイの西にあるミッドウェイ島を攻撃する作戦を立てました。アリューシャン列島の島（アッツ、キスカ）も奪い、そこからミッドウェイにわたる航空哨戒線を築くことで、アメリカ艦隊の動きを監視し、東京に対する二度目の米機動部隊襲撃を阻止する狙いがありました。さらにそこから、ハワイのアメリカ太平洋基地を攻略するという計画もありました。軍令部は東へ向かおうとするその連合艦隊の案には反対でした。大英帝国の植民地を解放するため、海軍には西のインド洋に展開してほしかったのですが、真珠湾攻撃の「成功」で連合艦隊司令長官の山本五十六の意見が強くなっており、山本の作戦を実施することになりました。

この時、日本が誇る世界最強の戦艦「大和」が完成しており、初陣としてこの作戦に加わっていました。しかし、大和を軸とする主力部隊は、空母機動部隊の500キロメートルも後方にあり、ついに戦闘に加わることはありませんでした。これは、機動部隊が敵艦隊に一撃を加えた後に戦艦部隊でとどめを刺すという、旧来の艦隊決戦思想に則った戦争序列を重んずるがゆえの配置でした。しかしながら、日本の技術力を結集して完成させた戦艦「大和」を有効に使っていれば、戦局はかなり変わったはずだと平間洋一氏が著書『太平洋戦争の新常識』の第6章「ここで戦艦大和を投入すれば戦局は違った」の中で述べています。

実際の戦闘では、敵空母部隊の発見が遅れ、敵艦を沈めるための魚雷と敵基地を攻撃するための爆弾との兵装転換の間に攻撃されて、空母4隻を多くの航空機とともに失うことになってしまいました。戦艦大和は攻撃力も強大でしたが、最新鋭の通信設備も備えていました。ミッドウェイの作戦行動中、大和は『多数の敵航空機が行動中』との軍令部特信班からの情報を受信し、アメリカ空母の一部が、ミッドウェイ付近で待ち伏せしている可能性があることをつかんでいました。だが機動部隊のほうはその情報を受信できず、また無線封止中のため、大和から機動部隊に通報されることもありませんでした。

もし大和が機動部隊と行動をともにしていれば、戦局を左右するその情報を、発光信号などで伝えることもできました。そうなれば史実のように敵空母部隊の発見が遅れ、空母4隻を失うこともなかったと考えられます。また、敵攻撃隊が機動部隊を襲った際、大和が空母の手前で弾幕を張れば、その攻撃を阻止することができたそうです。大和にはそのような優れた性能もありました。大和が起動部隊と共に行動し、初動の敵空母部隊の発見の遅れというミスさえなければ、貴重な空母を4隻も失うという負け方はしなかっただろうと、平間氏は分析しています。

このミッドウェイ海戦で空母を失い、日本の得意な航空戦力を大きく削がれたことが、その後の戦局に大きく影響しました。平間氏が述べているように、もっと大和を積極的に実戦に使っていれば、戦局が大きく変わったはずであるのなら、当時の海軍の作戦、特に山本五十六長官の大和の使い方はかなり問題があったように思います。また平間氏によると、その後の海軍の戦いにおいても、大和を投入すべき場面は何度もあったと指摘しています。山本五十六長官が大和をホテル代わりに使用し、ほとんど実戦に投入しなかったのはとても悔やまれます。

平間氏は、そもそもアメリカと戦争をするのなら、真珠湾攻撃はせずに、当初の戦略通りに艦船決戦をすべきであったと述べています。例えば、日本がアメリカ領であったフィリピンを攻めても、真珠湾を攻撃していなければ、アメリカはマーシャル諸島沖へと出てきたはずです。当時、イギリスの支援もしていたアメリカ海軍は太平洋方面では空母の数も航空機の数も日本のほうが勝っており、加えて戦艦の砲撃の技術も、日本は世界一だったそうです。マーシャル諸島沖で艦船決戦していれば、日本がかなり優位に戦闘を進められたはずであるし、そのことによって戦争が長期化すれば、アメリカ国民の厭戦気分が増し、和平工作もしやすくなったであろうと推測されます。

ただし、日本がアメリカ領フィリピンを叩いたとしても、アメリカ国民が真珠湾攻撃を受けたときのような反応をして、参戦に応じるかどうかは疑問が残ります。ルーズベルト政権としては、戦争不介入を大半の国民が支持するなかで、国民に大きなショックを与え、参戦へと向けるためには、「和平を望むアメリカを裏切ってアメリカ領土を脅かしてきた日本を叩け」という大義名分が必要だったと思います。そのために、ルーズベルト政権が太平洋艦隊をパールハーバーに停泊させ、日本をおびき出すための工作、挑発、さらには脅迫を繰り返してくることを考えると、強硬に真珠湾攻撃を主張した山本五十六長官をとどまらせることは、いずれにしても不可能であったのかもしれません。

2　日本有利だった戦局が次第に傾いていく（１９４３年）

アメリカ軍はオーストラリア大陸近くの南太平洋の島々から、点在する日本の守備隊を撃破しながら北上して日本本土へと近づいてきました。強大な工業力を誇るアメリカと太平洋を舞台に戦うには戦域を広げ過ぎた日本は、南太平洋の島々が委任統治領だったこともあり、それぞれの島にわずかな守備隊を置くだけでした。その上、日本本土から遠く離れたそれらの島々に武器・弾薬・食糧を輸送するのも大変な労力を伴うものでした。アメリカはその日本の輸送船に狙いを定め、次々と沈めたため、島の守備隊はほとんど補給のない状態で戦うことを強いられました。

日本本土を死守するための絶対防衛圏構想が出されたのがこの１９４３年の9月であり、サイパン島、グアム島など死守すると決めたが、それらの島々の要塞化も間に合わず、アメリカの侵攻を受けることになってしまいました。アメリカと戦争を始めると決めた時に、真珠湾まで出て行かず、この絶対防衛圏を死守するという作戦で、兵力を集中できていたら、戦局は大きく変わっていたと思われますが、結果として日本軍は、この絶対防衛圏の守りを固める前に戦域を広げ過ぎて、貴重な戦力を失ってしまっていました。また、絶対防衛圏構想が出された後でも、南太平洋の補給が困難な島々はあきらめて、絶対防衛圏を死守するという作戦もできたと思いますが、日本海軍のプライドが邪魔をしたのかもしれません。

1943年になって、アメリカ軍は南太平洋と北のアリューシャン列島から日本に迫ろうと襲い掛かってきました。この時は南北から日本列島を挟み込むような形で日本に攻め込んできたわけですが、その後、ドイツが劣勢になると、ソ連が樺太、千島列島から北海道までの北方の領土を米英に要求し、北からの攻撃はソ連に任せ、アメリカは南から北上する作戦をとることになりました。

戦前の1939年（昭和14年）の秋、陸軍の「陸軍省戦争経済研究班」が立案した戦争計画では、日本がインドネシアの資源を確保した後の第2段階の戦略として、ビルマ、インドに向かい、アジアに広く植民地を持つイギリスを屈服する作戦を展開するはずでした。ところが、アメリカ軍がドゥーリトル作戦で日本本土を空襲したことで、山本五十六連合艦隊司令長官は、太平洋のアメリカ艦隊を叩こうと攻撃を東へ向けてしまいました。そこで、あのミッドウェイ開戦の大敗北を招いてしまいました。しかも、とんでもないことに海軍はこの大敗北と壊滅的損害を、陸軍側に長く知らせていなかったようです。さらには、ミッドウェイ作戦の遂行のために西進戦略のタイミングは大きくずらされてしまいました。

ミッドウェイ作戦失敗の後、海軍は戦争戦略の基本方針であったはずの「腹案」を逸脱してしまい、アメリカとオーストラリアの遮断に向かっていきました。そして絶対国防圏と定めた範囲から離れたニューギニア東の端のラバウルに航空部隊の基地を置き、さらにラバウルから千キロも離れたガダルカナルに航空基地を作り始めました。ガダルカナルに航空基地を築き、オーストラリアからの侵攻を防ぐ意図があったのだと推測されますが、ガダルカナル島はすでに連合軍の勢力圏にありました。海軍がこのガダルカナル島にこだわったため、アメリカ軍との激烈な消耗戦となり、多くの兵士、航空機、艦艇、石油も失うことになりました。山本五十六連合艦隊司令長官は陸軍が綿密に立てた戦争戦略から海軍を逸脱させたため、インド洋へ向かうという「大東亜戦争」は遂行不能となってしまいました。

日本がインド洋を遮断しなかったために、アメリカはエジプトへと大量の戦車や兵員を送り込むことができました。その結果、北アフリカから西アジアへと進出しようとするドイツ軍はリビアへ撤退することになり、１９４３年5月のチュニジアの戦いで壊滅してしまいました。

3　ソロモン諸島、ギルバート諸島での戦闘（1942〜43年）

　第一次世界大戦後、日本はマーシャル諸島やカロリン諸島など赤道以北の旧ドイツ領ニューギニアを委任統治領とし統治していましたが、1941年12月に大東亜戦争が勃発するとすぐに、イギリス領であったギルバート諸島もほぼ無抵抗のうちに占領していました。さらに、1942年6月のミッドウェイ海戦で、主力艦船を4隻も沈められ、戦力が大幅に低下しているなかでも、アメリカとオーストラリアを分断しようと、ソロモン諸島のガダルカナル島に前進航空基地を建設し、ソロモン諸島の制空権を拡張しようと考えました。

　しかし、艦船の数で優位になったアメリカは日本の南太平洋への補給輸送船を沈めながら、8月にソロモン諸島へと侵攻しました。海路での補給を断たれた日本の守備隊は苦戦を強いられ、ついにソロモン諸島が落とされます。平間洋一氏は、ここでも戦艦大和をうまく使っていれば、戦局は大きく変わっていたと指摘しています。しかし、この間、大和はトラック島まで進出していながら、ガダルカナルの戦いに投入されることはありませんでした。

また、ガダルカナル島はオーストラリアとアメリカを分断するため、そしてオーストラリア軍が北上して攻めあがるのを阻止するための重要なポイントと認識されていたことはわかりますが、なぜそこにこだわって、戦力を集中してしまったのでしょうか。１９４２年8月から始まった戦いは翌１９４３年２月まで続きました。日本がそこで失った航空機はミッドウェイ海戦の3倍となり、多くの優秀なパイロットも失うことになりました。

その後、日本本土を守ることを考えれば、それほどまでにガダルカナル島に固執しなくてもよかったのではないか、と悔やまれます。また、万が一、ガダルカナル島を落とすことが成功できたとしても、日本本土からは遠く離れた島であり、その後の戦闘の中でその島への補給を続けることは非常に困難であることは予想できました。ミッドウェイ海戦での敗戦によって、ガダルカナル島では是が非でも勝利したいという海軍のプライドが多くの戦力を失うことになってしまったように思われます。また、ガダルカナルを死守するつもりであったならば、山本五十六は戦艦大和をフル活用して戦闘に加えるべきでした。

そしてソロモン諸島が落ち、アメリカ軍はギルバート諸島への補給路を断った後、この年の11月にギルバート諸島のマキン島、タラワ島への攻撃を始めました。ギルバート諸島のマキン島とタラワ島にアメリカ軍が侵攻、両島を守る日本軍将兵はわずか３０００人足らずに対して、アメリカ軍はアメリカ海兵隊を主力とした４万人で攻撃したのにもかかわらず、日本軍守備隊は奮闘しました。しかし圧倒的な物量を誇るアメリカ軍に次第に押され、両島とも日本守備隊は全滅しました。

4　アッツ島、キスカ島の戦い

この時点では、アメリカは北方からも日本に侵攻しようとしてきました。その最前線となったのが、アリューシャン列島に位置するアッツ島とキスカ島でした。アメリカ軍の空母が日本近海に入り、爆撃機を飛ばして日本本土を空爆されるのを防ぐため、アッツ、キスカ、ミッドウェイと北側の防衛ラインを結ぶ予定でしたが、ミッドウェイ島奪取作戦は失敗してしまいました。とりあえずアッツ島に2600人、キスカ島に5200人の守備隊を配置しましたが、次第に戦局が悪化すると、アメリカ軍の反撃にさらされるようになりました。アメリカ軍の勢力が優勢になると、島への食糧や弾薬の補給の輸送も難しくなり、1943年5月、アッツ島がアメリカ軍の上陸作戦により陥落しました。

北部軍司令官は陸軍の樋口季一郎中将は、アッツ島がアメリカ軍に包囲された5月、大本営から「アッツ島への増援を放棄する」という信じがたい命令を受けました。部下たちを見殺しにしなくてはならないその非情な命令に、樋口は号泣したと伝わります。アッツ島が陥落すると、アメリカ軍はそのままキスカ島に迫ります。キスカ島はアメリカ軍の軍艦によって完全に包囲され、まさしく絶体絶命の状況に追い込まれました。ここで樋口中将は大本営に対して、アッツ島放棄の代わりに「キスカ撤収に海軍が無条件の協力を約束するならば」という交換条件を出しました。樋口氏はアッツ島の放棄を承諾する代わりに、キスカ島の即時撤退を認めるよう上層部に迫ったのです。増援の見込めない中、現兵力でアメリカ軍を迎え撃っても、アッツ島の二の舞になることは明らかでした。キスカ島撤退の様子は『太平洋戦争の新常識』第９章「キスカ島撤退の奇跡」を導いたものは何か（早坂隆著）に詳しく述べられています。

現場で撤退作戦を指揮したのが、海軍第１水雷戦隊司令官・木村昌福《まさとみ》少将でした。アリューシャン方面は深い霧が発生しやすく、「濃霧に紛れての撤退作戦」を木村少将は考えました。

救出艦隊は７月７日、キスカ島を目指して千島列島の幌筵《ほろむしろ》島を出航しました。木村少将は事前に次の２つのことを強く主張しました。「キスカ湾滞在は１時間に限り、それ以上経てば救出作業を中止してでも出航する」、「５２００人を効率的に収容するため、陸軍兵は三八式歩兵銃も放棄する」ことでした。

菊の御紋章が付いた三八式歩兵銃の放棄は、陸軍から猛反発を受けました。しかし、木村少将はガダルカナル撤退の際、銃を携行したために出航が遅れた例を挙げて一歩も譲りませんでした。木村少将の要求を樋口中将は独断で受け入れました。後日、大本営でも議論を呼びましたが、樋口氏からすれば些末なことでした。キスカ島入港は当初、7月11日を予定していましたが、思うように霧が発生せず、木村少将は突入を13日、14日、15日と延期した末に、一旦幌筵島に帰港しました。木村少将は冷静に、最後の最後まで人事を尽くした上で天命を待ちました。そして同月29日、第2次作戦において、キスカ島撤退は奇跡的な成功を収めることができたのです。守備隊全員を生還させた木村少将の目には涙が浮かび、また樋口中将は木村少将に心からの感謝の思いを伝えました。

アッツ島玉砕に接して、彼らは「次は自分たちの番だ」と悲愴な覚悟を抱きます。そして撤退作戦が開始された後も、救出隊が突入予定日に現われないなど何度も希望を砕かれ、打ちひしがれました。それでも、決して諦めず、たとえわずかであっても望みを捨てなかったのです。この姿勢こそが、奇跡の生還に繋がりました。

そして、実はアッツ島の将兵の戦いぶりも「奇跡」の背景のひとつです。（中略）アッツ島守備隊は四倍にも及ぶ敵兵相手に敢然と戦い、十九日間、持ちこたえました。アメリカ軍はその敢闘ぶりに驚嘆したといい、樋口は次のように戦後に綴っています。〈アッツ部隊が余りに見事なる散華全滅を遂げたから、米軍はキスカ部隊も必ずやアッツの前例を追うならんと考え、撤収など考慮に入れざりしならん〉（『書翰』）
　キスカ島撤退作戦は、樋口と木村というヒューマニズムとリアリズムを備えた指揮官を中心に行なわれました。しかし、成功に導いたのは、この二人だけではありません。指揮官のもと、人事を尽くしてキスカ島へと突入した救出隊。どんな状況でも決して諦めることがなかったキスカ島の守備隊。勇敢にアメリカ軍に立ち向かったアッツ島の将兵……。キスカ島からの「全員生還」は、そのいずれが欠けても生まれなかった「奇跡」に他ならないのです。
（『太平洋戦争の新常識』第９章「キスカ島撤退の奇跡」を導いたものは何か（早坂隆著）：ＰＨＰ研究所より）

　結局、アッツ島、キスカ島はアメリカに取り返されてしまい、それ以降、日本の北方の最前線は千島列島の幌筵島、占守島となりました。しかしながら、むやみに守備隊を玉砕させせず、守備隊員全員を生還させたキスカ島の撤退作戦は見事でした。日本軍はむやみやたらに兵士を無駄死にさせる軍隊ではなかったということです。しかしながら、南方からだけではなく、北方からもアメリカの圧力が日本にのしかかるようになってきました。

この後、この年の9月30日に御前会議で絶対国防圏構想を決定し、グアム、サイパン、ニューギニアの防衛の強化を始めます。10月にはフィリピン独立を許可し、11月に東京で大東亜会議を開催し、大東亜共同宣言を発表しました。有色人種の国家が初めて集まり、白人国家からの解放を宣言したこの会議の意義は大きいものでした。

しかしながら、すでに日本が太平洋戦線において劣勢に立たされていた時期であり、主催国の日本が敗戦してしまったため、この会議の意義は戦後、欧米諸国によって握りつぶされることになりました。また、この年の10月、兵力不足を補うため学徒動員が始まりました。昔から庶民の教育に力を入れ、近代化にも成功した日本でしたが、ここにきて、青年を教育機関から引き離さなければならないほど、余裕がなくなってしまいました。

5 大陸打通作戦（1944年4月〜12月）

1944年、太平洋戦線で苦戦を強いられる日本は、泥沼化する大陸での支那事変の中、中国内部の米英の拠点を叩こうと、4月から12月にかけて大陸打通作戦を実施しました。

中国大陸での戦いは、米英に支援を受けドイツの装備で武装した国民党軍と、ソ連の支援を受けた共産党軍との連合軍と、日本との戦いですから、白人国家連合＋中国軍ＶＳ日本軍という戦いでした。

日本軍のこの作戦の目的は、当時日本海軍の艦船や台湾を攻撃していた爆撃機を阻止するために、中国内陸部の連合国軍の航空基地を占領すること、そしてフランス領インドシナへの陸路を開くことでした。日本軍の投入した総兵力は50万人、８００台の戦車と７万の騎馬を動員した大規模な作戦で、その移動距離は２４００キロの史上最大規模のものでした。作戦は計画通りに日本軍が連合国軍の航空基地の占領に成功し、勝利を収めました。

しかしその後連合国軍が航空基地をさらに内陸部に移動させたこと、さらにアメリカ軍がマリアナ諸島を陥落させ、Ｂ-29爆撃機による日本本土空爆が可能になったことから、作戦の戦略目的は十分に実現することはできませんでした。

中国大陸での戦いはほとんど日本が連戦連勝で、この大陸打通作戦でも戦闘は日本軍が勝ったのですが、戦略目的は達成できず、さらに米英から支援を受ける国民党軍を弱らせる結果となったので、共産党軍を有利な立場に押し上げてしまう結果となりました。これは戦後の国共内戦で共産党が勝利する下地をつくってしまったことになりました。太平洋でどんどん追い詰められていく海軍の戦いに比べ、大陸での陸軍の戦いは目覚ましいものでした。しかしながら、この勝利は日本の立場を有利にするような意義のあるものとはなりませんでした。

当時の大陸での蒋介石軍と日本軍との戦いは、2022年から始まったウクライナ紛争と構図が重なって見えます。現在のウクライナは西側諸国からの支援がなければ一日たりとも戦闘を続けることができません。この当時の国民党・蒋介石軍もドイツ製の兵器で装備され、米英仏の有り余る支援を受けて日本軍と戦い続けました。逆に言うと、支援を受ける限り、戦闘を止めたくてもやめさせてもらえませんでした。現在のウクライナもロシアを潰すまでウクライナ人は命をかけて戦い続けろと圧力をかけられている状況であるように感じられます。

大陸での蒋介石軍は日本軍に対して連戦連敗で、中国国民党軍がまったく日本軍には歯が立たないことが露呈してしまいました。それゆえ、アメリカ大陸でネイティブ・アメリカン同士を戦わせ、双方が弱ったところで土地を取り上げてきたアメリカ従来の作戦は、この中国大陸においてはうまくいきませんでした。この日本軍の作戦の後、アメリカは対日政策を考え直すことになりました。ルーズベルト大統領は対日作戦のシナリオを、従来の中国大陸の航空基地から日本などを爆撃するというものから、マッカーサーらが主張した太平洋の島々を逐次占領していくものに転換しました。また、それまで蒋介石の国民党軍のみを支援してきたアメリカが、中国のもう一つの勢力、毛沢東指揮下の中国共産党軍に目を向けることとなりました。１９４４年の秋頃に蒋介石の実力を認識したルーズベルト大統領は、対日無条件降伏では戦争を長期化させるとして、一日でも早く日本を降伏させるために日本への無条件降伏の内容を譲歩する方針も出しました。

そもそも日本が中国大陸に権益をもったきっかけは日清、日露戦争でした。ロシアの脅威を取り除くために、ロシアの影響を朝鮮半島から排除するために戦い、満洲鉄道の権益を得ました。また第一次世界大戦の際には、同盟国であったイギリスの要請によって、中国大陸のドイツの拠点を叩き、それらの権益を引き継ぎました。中国では清朝が倒れ、中華民国の成立は宣言されていましたが、まったく国として機能しておらず、各地の軍閥が勝手に支配している状態でした。このような状態で、国としての治安維持がまったくできていない状況だったため、日本だけでなく南部に租界を持つイギリスやフランスもそれぞれ軍隊を出して、自国民の安全を維持していました。その後、日本の関東軍が清朝最後の皇帝だった愛新覚羅溥儀を助け、満洲国を成立させる（１９３１年満洲事変）と、国境を接することになるソ連（ロシア）は強力な日本の関東軍が駐留するのを警戒するようになります。そして各地で日本人（韓国併合後日本人となっていた朝鮮人を含む）に対して、テロ行為を繰り返し日本軍を挑発しました。

中国市場に参入したいと思っていたアメリカにとって、イギリスとフランスの権益と競合しない満洲を実質支配する日本は目障りな存在でした。ソ連は満洲の関東軍を南に向けさせたいと画策していました。また、満洲経営を成功させ、いち早く世界恐慌を乗り越えた日本の製品が中国市場に出回り始めると、南部に権益を持つイギリスやフランスにとっても日本は邪魔な存在となりつつありました。そんな白人国家の思いが「中国大陸から日本を排除する」という方向に向かっていったと思われます。ただし、イギリスやフランスは自分たちの植民地支配を棚に上げて、正面から日本を非難することはできません。そこで中国を支援して日本を叩くという方向に向かっていきました。そしてそのことを後押しするかのように、ソ連から指導を受けた共産党員たちがあちこちで日本軍にテロ活動を開始しました。

１９３７年（昭和12年）７月７日。北京郊外の盧溝橋において、共産党員が駐留していた日本守備隊（治安維持部隊）と国民党軍を戦争に巻き込むために、両軍に発砲する事件がありました（盧溝橋事件）。しかし、この時は、両軍は戦争を意識していなかったため、何度か和平交渉を繰り返しました。しかし和平交渉が続く中で、通州事件（７月29日）など、日本を挑発するような、在留邦人に対する虐殺事件やテロ事件が頻発しました。そして米英仏、さらにはソ連からたんまりと支援をもらった蒋介石は、ついに日本と全面戦争をする決意を固め、上海の日本租界を襲います（第二次上海事変1937年8月13日）。わずかな守備隊でなんとか蒋介石軍の攻撃を食い止めた日本は、日本からの追加支援部隊が到着すると、蒋介石軍を追いかける形で日中の全面戦争が始まっていきました。このように中国大陸では、邦人を保護するための守備隊がたびたびテロ攻撃され、日本が兵士を派遣して中国軍を追い回すという戦いが続きました。この日中戦争でも最初から日本が中国を制圧するという作戦を立てて戦争に臨んでいれば、このような泥沼の戦いにはならなかったかもしれません。

6　マリアナ諸島の戦い

中国大陸の戦いで中国軍がまったく日本軍に刃が立たないことを実感したアメリカは、中国大陸に拠点を置く作戦から、太平洋の島々を奪う作戦に戦力を集中するようになります。1943年から44年のはじめにかけて、南太平洋のマーシャル諸島、ソロモン諸島を奪われた日本は、アメリカが北上し、マリアナ諸島へとやってくることは予測できていました。しかし、まずはパラオを攻めたあと、その年の後半（9月以降）にマリアナ諸島へ北上してくると推測していた日本軍の目論見ははずれ、6月にはアメリカ軍がマリアナ諸島に現れました。

マリアナ諸島が日本本土と南方の日本軍基地とを結ぶ後方連絡線の中間に位置していたため、まずは通信や補給資源の輸送のための飛行場の造成が優先されました。そのため、水際での上陸を阻止するための陣地構築や島の要塞化は十分にできませんでした。そこにアメリカ機動部隊が現れ、島の地上基地にあった航空隊は空襲で壊滅してしまいました。日本軍の機動艦隊もアメリカ機動部隊を迎撃しましたが、島からの地上航空戦力の支援がなく苦しい戦いとなりました。アメリカ側は新型レーダー、新型戦闘機、空母15隻を投入し、さらに日本の倍近い艦船を護衛につけて応戦してきました。航空機の質や防空システムでも遅れをとっていた日本機動部隊はアメリカ海軍の機動部隊に惨敗を喫しました。（マリアナ沖海戦）

陸上では、猛烈な艦砲射撃と航空機による支援を受けたアメリカ海兵隊の大部隊がマリアナ諸島に侵攻、1944年7月にはサイパン島にアメリカ軍が上陸してきました。防衛準備が十分でなかったのにもかかわらず「水際撃滅」作戦で海岸線での防衛戦を画策した日本軍守備隊は緒戦で大損害を被りながらも、その後は島中央部のタポーチョ山などの地形をうまく利用しながら激しく抵抗し、アメリカ軍の死傷率は最終的に20％を超える高い確率となりました。

サイパン島は日本の委任統治領であったため、日本人の移住が進んで、１９４３年８月の時点で２万９３４８人の日本人住民がいました。アメリカ軍による侵攻の懸念が高まると、高齢者や婦女子を中心に日本本土への疎開が進められましたが、避難船がアメリカ軍の潜水艦に撃沈されて民間人に多数の犠牲者を出したこともあって疎開は進まず、アメリカ軍上陸時点でも約２万人が疎開できないまま戦闘に巻き込まれてしまいました。日本住民は次第にサイパン北部に追い込まれ、最後には日本軍守備隊の敗残兵と共にバンザイクリフやスーサイドクリフなどで集団自決し、日本人住民の犠牲者は約８０００人と推計されています。

サイパンの戦いののち、８月にはテニアン島、そしてグアム島が連合軍に占領されました。アメリカ軍は日本軍が使用していた基地を即座に改修し、大型爆撃機の発着が可能な滑走路の建設を開始しました。このことにより北海道を除く日本列島のほぼ全土がB-29の爆撃可能圏内に入り、日本本土空襲が本格化していきました。太平洋上の最重要地点であるサイパン島を失った影響は大きく、もはや日本の勝機はなくなりつつありました。サイパン島が陥落すると、その責任を取り東条内閣は総辞職しました。そして小磯国昭陸軍大将を首班とし、米内光政海軍大臣らが補佐する小磯内閣が発足しました。

7　パラオ・ペリリュー島の戦い（1944年9月15日から11月27日）

1944年9月になると、のちのフィリピン侵攻への支援基地とするため、パラオ諸島のペリリュー島にアメリカ軍がやってきました。パラオも日本の委任統治領でした。その中のペリリュー島でも島民と日本人との固い友情が育まれていました。マリアナ諸島を奪ったアメリカ軍がいよいよパラオ・ペリリュー島に迫っていました。マリアナ諸島以南の海はアメリカ軍が支配しているため、パラオへの補給は途絶えてしまっていました。戦局はすでにアメリカ側に傾き、日本側の玉砕はほぼ確実な状況でした。その状況の中で、日本人を慕う島民たちは日本兵とともに戦い、自分たちも死んでいくと覚悟を決め、中川隊長に「自分たちも戦わせてください」と申し入れました。

日頃、温厚な隊長は、その言葉を聞いた瞬間、激高し、「帝国軍人が貴様らごとき土人と一緒に戦えるか！』と大声で怒鳴りつけた。「土人?」「一緒に肩を組み、歌を唄った日本兵たちの思いは見せかけだったのか？」「やはり、こいつらは自分たちを見下げていたのだ。」と人々は怒りと悲しみで拳を震わせた。

島からの避難船に島民は乗り込む。日本兵は誰一人として見送る者はいない。日本人への怒りと憎しみの思いがあふれる。船が避難先へ向かうため、島を離れた瞬間、日本兵全員が真っ白な砂浜に現れた。死を覚悟した日本兵たちが笑顔で手を振り、「達者で暮らせよー』と声をかける。一緒に唄った日本の歌を大声で歌っている。涙で顔を濡らす兵士もいる。そして、その先頭には「土人」と自分たちを侮辱した中川隊長の姿があった。

ペリリュー島の人々は悟った。「土人」、あの言葉は自分たちを救うため、自分たちを戦闘に巻き込まないためだったと。

島民の目からは、止めどもなく涙があふれた。

（『日本はなぜアジアの国々から愛されるのか』池間哲郎著：扶桑社より）

アメリカ軍は、こんな小さな島に補給も支援もない状況で閉じこもる弱小日本軍との戦いは2、3日で片付くと見ていました。ところが日本兵は、この圧倒的な兵士と物量の差をものともせずに戦い抜きました。『日本を守る。愛する家族を守る』との壮絶な思いで、命を捨てて戦いつづけ、何と73日間も持ちこたえました。日本軍は通常の戦闘ではとても太刀打ちができないため、島のいたるところにある洞窟に立てこもり、ゲリラ戦を展開しました。圧倒的な兵器、火力を有するアメリカ軍は徐々に日本軍を追い詰め、11月24日、ついに日本側の弾薬は底を突きました。そして11月27日、生き残った兵士55名の突撃が行われ日本軍の組織的抵抗は終わりました。

なぜ日本兵は命を惜しまずに戦ったのでしょうか?

それは白人の植民地政策の悲惨さを知っていたからでした。当時、有色人種国家のほとんどは白人の植民地でした。「人種差別」「植民地支配」の実態を知らない我々現代人には想像することすら難しいですが、そこでは、人間を家畜のごとく使い、婦女子を犯し、子供であろうとも虐殺されました。日本兵は祖国日本がそんな状態になることを何としてでも阻止したい、1日でも長く家族のいる祖国を護りたい、という気持ちで戦い続けました。幕末以降、中国の英仏の租界をはじめ、アジア各地の植民地支配下での現地民たちの悲惨さを知っていたからでした。当時の日本兵たちは、さっさと白旗を挙げて降伏すれば、それまでの生活を安堵してもらえるなどという甘い考えは持っていませんでした。「人種差別」が犯罪と認識されている現代においても、中国では植民地と化したチベット、ウイグルでは「人権」という概念はほぼ守られていません。当時の日本兵の方々がどれほどの思いで、命をかけて戦ってくれたのかをしっかりと認識しておくことが必要だと思います。

マリアナ諸島の戦いまでは日本の守備隊はアメリカ軍の上陸を阻止、また上陸した瞬間に攻撃を加える「水際作戦」を基本としていました。しかし、圧倒的な物量を誇るアメリカ軍は、膨大な数の戦艦で島を取り囲み、上陸の前に強力な艦砲射撃で水際の日本陣地を粉砕してしまいました。

そこで、このペリリューの戦い以降、硫黄島、沖縄での戦いは「水際作戦」を変更して、アメリカ軍を上陸させ、島の内部に引き込んでからゲリラ戦で応戦する形をとるようになりました。アメリカ軍は日本軍のその戦法に手を焼き、犠牲者を増やし、日本軍に恐怖を感じるようになりました。

８月にマリアナ諸島、９月にパラオ・ペリリュー島を落としたアメリカ軍は10月、フィリピンへと侵攻しました。日本の連合艦隊は空母「瑞鶴」を主力とする機動部隊を、米機動部隊をひきつけるための囮として使い、栗田健男中将率いる戦艦「大和」「武蔵」を主力とする戦艦部隊（栗田艦隊）による、レイテ島への上陸部隊を乗せた敵輸送船隊をたたく作戦でした。しかし、既に作戦期日に３日の遅れが生じていたため、栗田艦隊はレイテ湾目前で反転してしまい、失敗に終わりました。この海戦で日本海軍は空母４隻と武蔵以下主力戦艦３隻、重巡６隻など多数の艦艇を失い事実上壊滅し、組織的な作戦能力はほぼ喪失してしまいました。また、この戦いにおいて第一航空艦隊司令長官大西瀧治郎中将が神風特別攻撃隊を編成し、関行男大尉の指揮によって初の航空機による組織的な特別攻撃が行われ、アメリカ海軍の護衛空母撃沈などの戦果を上げています。

8　インパール作戦（1944年3月〜6月）

1944年（昭和19年）は太平洋で、日本がアメリカに次第に追い詰められていく時でもありましたが、アジア大陸でも大きな戦いがありました。3月から6月にかけて、ビルマ（現ミャンマー）からインドへ侵攻しようというインパール作戦が行われました。以下はねずさんブログ（R2.11.27）より引用して、大意をまとめます。

1943年（昭和18年）9月の御前会議で絶対国防圏として千島、小笠原、マリアナ、西部ニューギニア、スンダ、ビルマを含む圏域と定め、この外郭線において敵の侵攻を食い止めようという戦略が決定されました。その基本戦略に反してインドに撃って出ようというインパール作戦が、その翌年3月に実施されました。なぜ、この時期にこういう作戦を立てたのでしょうか。反対していた大本営も、当時日本に滞在していたインド国民会議派議長のチャンドラ・ボーズの強い要請を受けて作戦の実施を認めました。インドではマハトマ・ガンディー氏が反英非協力運動を指導、展開していましたが、ボーズ氏はイギリスがインドを武力で支配している以上、インド独立は武力によってのみ達成される、という信念を持っていました。日本はボーズ氏の要請に応えてインドの独立を後押しすることで、大東亜戦争の戦争目的を、改めて世界に訴える意味が重視されたのではないかと、小名木善行氏が〈R2.11.27のブログ〉で述べています。

守る英国軍は15万でした。攻める日本軍は９万、他にインド国民軍４万５０００がいました。しかし、日本軍の幹部は、これがどういう困難な戦いになるかは分かっていたことでしょう。だからインド兵は後ろに置き、自分たちが先頭に立ってインドを目指しました。日本軍のインド独立を願う気持ちがインド兵に伝わり、インドの決起を促すであろうとの思いを将校たちは共有していたものと思われます。すでに劣勢に立たされている中での大作戦であり、困難な戦いになることは十分に予想される中、日本兵の士気が高かったことは驚くべきことです。

アラカン山脈に入り、ジャングルの中での進撃であり、補給も困難な中を戦い抜きました。食料も乏しく、弾薬も不足し、マラリア、赤痢などの病気が蔓延する中で、細い山道を上空からの銃撃・爆撃にさらされながら、それでも行進を続けたそうです。そんな状況の中でもひとりも降伏しない、誰も退却もしない、そしてインパールの入り口のコヒマを一時占領するまでがんばりました。前半戦は大健闘しましたが、やがて食料も弾薬も尽き、後退を余儀なくされます。そんな悲惨な退却の様子をねずさんブログはこう述べています。

　餓鬼や幽鬼のような姿で山中を退却していく日本の将兵たちは、誰一人、退却途中の村を襲っていません。既に何日も食べていない。負傷もしている。病気にもかかっている。けれどビルマ人の民家を襲って食物を奪い、家畜を殺し、ついでに女を犯すといったことは伝えられていません。戦場になったビルマで、ビルマ人たちは戦中も戦後も、日本軍に極めて好意的であったのは、そういう不祥事がなかった証拠といえます。

　この戦いはイギリス軍15万と日本軍9万の兵士が投入された大会戦です。にもかかわらず、英国はこのインパールの戦いの勝利を誇るということをしていません。食料も弾薬も不足し、勝利の見込みもない戦いなのに、インド独立のためにフラフラになってもイギリス軍に立ち向かいました。一方のイギリス兵たちは食料も武器弾薬も豊富に補給を受け、植民地の自分たちの権益を守るための戦いをしました。日本から遠く離れたインドの独立のために命をなげうってこの地に倒れていった日本兵を見て、イギリス兵たちは何を思ったでしょうか。このインパールの戦いの後、インドに起きた独立運動に対するイギリス駐留軍の対応は、それまでの過酷な支配の仕方と比べると、非常に手ぬるいものでした。ガンジーたちの非暴力の行進に対して、ほとんど発砲もしないで通しています。以前の英国軍ならデモ集団の真ん中に大砲を撃ち込むくらいのことはしていました。

日本が敗戦し、終戦した年の11月、イギリスはインパール作戦でイギリスに刃向かったインド国民軍の師団長シャ・スワーズ・カーン大尉ほか2名をイギリス国王に対する反逆罪で告訴したが、この話が知れ渡ると、インド各地で激しい抗議運動が起きました。さらにインドネシアやベトナムの独立運動を阻止するためにインド兵を派兵する計画を立てると、「なぜインド人が再植民地化に協力しなければならない」と大きな反対運動が起き、混乱が増幅されて、反逆罪の3被告の刑の執行はできなくなりました。

翌年（1946年）2月の第二次軍事裁判でもインド兵の反乱が起き、3月に対日戦勝記念パレードを行った際には、インド人は誰一人として姿を見せませんでした。この時イギリスは、これ以上のインド統治は不可能になったことを自覚することになりました。そして翌年、1947年8月15日、インドはパキスタンを分離して独立を達成しました。戦後の東京裁判では、インドはパル判事を送り、日本擁護の判決付帯書を書きましたが、そのことについてイギリスは反対も妨害もしていません。

この戦争は当初、日本は引きずられるように自分の国を守るために立ち上がった戦争でした。しかし、多くの日本人はアジアの解放という夢のために命を捧げました。このインパール作戦の前年1943年の11月にその目的を謳った大東亜会議が東京で開催され、その意義が確認されました。インパール作戦は日本が勢いのあったもっと早い段階で、実行されれば成功の可能性は高かったものと思われます。徐々に日本軍が追い詰められて、十分な装備や準備ができないまま作戦が実行されたため、作戦は軍事的には失敗に終わりました。しかし、結果として後にインド独立につながったのであれば、この作戦は無駄ではなかった、むしろ価値のある作戦だったと言えるのではないでしょうか。

第5章

硫黄島の戦いから終戦まで（1945年）

１９４１年12月の日本の真珠湾攻撃から始まった日米戦争（太平洋戦争）は、アジア大陸では日本軍が快進撃を続け、次々と植民地支配していた欧米諸国をアジアから追い出していきました。しかし、太平洋地域では、１９４３年からじりじりとアメリカ海軍に押され始め、１９４４年に日本が絶対防衛圏と定めていたサイパン島、グアム島が落とされ、さらにフィリピンをとられると、そこから爆撃機が日本本土まで届くようになり、本土への空襲が激しくなっていきました。またアメリカの艦隊、潜水艦が海域を埋め尽くすように日本本土に向かって北上してくると、日本軍への補給のための物資を運ぶ輸送船はことごとく沈められ、島々の守備隊への補給が難しくなっていきました。

サイパン島を取ったアメリカ軍はそこから爆撃機を飛ばして日本本土を空爆するのですが、そのサイパン島と日本のちょうど中間地点に位置する島が硫黄島でした。硫黄島は東京から１２５０キロ離れたところにある火山島です。米軍が日本を空襲しようとする際、硫黄島から発進する戦闘機はたいへん邪魔な存在でした。また日本本土までの中継基地としても給油基地としても硫黄島はアメリカにとって手に入れたい島でした。一方の日本は硫黄島をとられてしまうと、アメリカ軍の日本本土空爆が容易になり、本土防衛が非常に難しくなります。１９４５年（昭和20年）になると、アメリカ軍が硫黄島に襲い掛かりました。

１　硫黄島の戦い（１９４５年２月18日から３月22日）

日本としては、本土防衛のためにも絶対に死守したい島であったにもかかわらず、アメリカ軍の大艦隊が島を取り囲んで襲い掛かりましたので、島に立てこもる日本守備隊へ補給するための輸送船は島に近づくことができません。一切の物資の補給のない中で、この島の守備隊はどのように戦ったのか、服部剛氏の『感動の日本史』（致知出版）より大意を要約します。

この硫黄島を守るために派遣されたのが、栗林中将を司令官とする約2万1000名の将兵たちでした。将兵たちは必ずしもプロの兵士ではありません。徴兵された一般市民も多く含まれていました。栗林中将は、アメリカに留学経験があり、米国の巨大な工業力を知り尽くしていました。グアムやサイパンからの戦闘の報告記録を分析して、日本軍がどのように戦ったかを綿密に調べました。そして米軍と上陸時点で正面からまともに勝負しようとしても、航空機の空爆や戦艦からの艦砲射撃ですぐにやられてしまうことが明らかでした。そこで、これまで日本軍が採用してきた「水際撃退作戦」の方針を変更し、地下壕を掘って、洞窟陣地を造ることにしました。米軍が上陸のために島を爆撃している間はこの地下陣地にこもってしのぎ、一旦、米軍を上陸させます。そこで、地下から飛び出して、ゲリラ戦を挑むのです。火力や物量では圧倒的優位にたつ米軍に対し、持久戦に持ち込む決意でした。

1945年2月16日、ついにアメリカの大艦隊が島にやってきました。青山繁晴氏の著書『ぼくらの死生観』（ワニブックス）によると、アメリカが硫黄島に到着する前日、海兵隊の指揮官は部下たちにこう言います。

「明日、我々はSacred Land（聖なる土地）を取りに行く。日本という国はアメリカの10倍の長さの歴史を持っている。それなのに過去一度も外国に領土を取られたことがない。日本国民は外国人に占領され支配されたことが一度もない。だから日本の領土はすべてSacred Land（聖なる土地）なんだ。そこに初めて海兵隊の諸君が占領に行く。たぶんほとんどの者は生きて帰れないだろう」

ルーズベルト大統領自身は、日本を太平洋の西の端に浮かぶちっぽけな島国ぐらいにしか考えていなかったと思いますが、戦闘現場を指揮する指揮官たちは熱心に相手を研究していたようです。そのような覚悟があったからこそ、日本軍の予想外の反撃があっても粘り強く戦闘を続けたのかもしれません。

島の全方位をアメリカ艦隊が取り囲み、日本軍への補給がまったくないこの小島を、アメリカ軍は5日間もあれば占領できると思っていました。最初の3日間で空母から飛び立った８００機の航空機が島を空爆し、島を囲う戦艦から5千トンにも及ぶ艦砲射撃が行われ、この小さな島は一面焼けつくされました。そして上陸直前の2月19日、さらに艦砲射撃とロケット弾９５００発が撃ち込まれた後、数万人のアメリカ兵が続々と上陸しました。しかし、日本軍からの攻撃は一切ありません。あれだけのすさまじいアメリカ軍の攻撃で、生き残っている日本兵はいないのではないかと思われていました。海岸にアメリカ兵が次々と上陸し機材を設置していると、それまで地下壕に潜んでいた日本軍が一斉に攻撃を仕掛けました。アメリカ軍はその攻撃に、わずか18時間で死傷者が２０００人を超えました。このような戦闘がさらに続き、アメリカ軍は上陸開始から3日間で死傷者は５０００人を超え、大打撃を受けました。

しかしながら、日本軍の食糧や弾薬は減る一方で、補給はありません。それに対してアメリカ軍は大艦隊から武器弾薬、兵員が続々と上陸し、少しずつ占領地域を広げていきました。そしてアメリカ軍上陸から5日目の2月23日、摺鉢山山頂にアメリカの国旗である星条旗が掲げられました。初めて日本の領土がアメリカ軍にとられたことを示すものであり、この時の写真は全米の新聞のトップを飾りました。しかしこの時はまだ地下壕の日本軍は健在で、この後も補給のないまま36日間も激闘を続けました。

食糧や弾薬が減る一方での日本軍は徐々にアメリカ軍に追い詰められていきました。しかしそれでも栗林中将は「自爆」や「突撃」を禁止し、決して「玉砕」を認めませんでした。圧倒的な戦力を持つ米軍を相手に、どんな苦しい状況になっても戦い続けることを要求したのです。絶対に勝ち目のない、最後は命がなくなることがわかっている状況なのに、一日でも長く島を守ることを命じたのです。栗林中将の指令に応えて粘り強く戦い抜いた兵士の方々も本当に立派でした。

この硫黄島が簡単に取られてしまえば、それだけアメリカ軍の本土空爆が激しくなります。一日でも長く硫黄島に米軍を釘付けにできれば、本土にいる人たちはその分、疎開することができます。大切な家族や仲間を守るために、守備隊の兵士の人たちは大変な思いをしながら、必死に戦いました。ある意味では一瞬で「死ねる」特攻隊よりも辛い戦いでした。一方の米軍にとっても強烈な火力で一瞬にして日本軍の力を消し去るような力わざができません。日本軍のゲリラ戦法に対し、米軍は地下壕をひとつずつ、火炎放射器や爆薬で潰していくしかありません。しかし、アメリカ軍も日本軍の執拗な反撃にもかかわらず、粘り強く占領地域を広げていきました。そして日本兵の潜む地下壕は徐々に潰されていき、島北部へと追いやられていきました。兵士の数も半分以上減ってしまいました。3

月16日に本土に向けて最後の電報を打ってから、さらに10日間の抵抗を続けてから、３月26日、ついに最後の突撃をして守備隊は全滅しました。

硫黄島が占領され、アメリカ軍の飛行場が整備されると、日本本土への空襲は激しくなりました。しかし、井上和彦氏の『歪められた真実　昭和の大戦（大東亜戦争）』（ワック）によると、アメリカ爆撃機にとって、以前よりはるかに攻撃しやすくなったはずの日本の空には、「エリート戦闘機部隊」が立ちはだかっていたようです。選りすぐりのパイロットと新鋭戦闘機「紫電改」で編成された第３４３海軍航空隊、通称「剣部隊」でした。この航空隊は、かつて真珠湾攻撃の航空参謀だった源田実大佐を司令とし、エース・パイロットを集めた本土防衛空戦の切り札として創設されました。圧倒的な数の戦闘機で攻めてくるアメリカ軍のすべてを追い払うことは物理的に不可能でしたが、初陣の１９４５年３月19日から終戦まで、ドイツ軍では手も足もでなかったB-29爆撃機を含む１７０機を撃墜しました。さらにその他日本軍戦闘機と高射砲などによって、B-29は４８５機が撃墜され、２７０７機が撃破されていました。空襲によって日本本土がかなり破壊されたことは事実ですが、なすすべもなくやりたい放題やられたわけではなかったということです。

米軍は、豆粒ほどの硫黄島を占領するのに３万人近い死傷者を出しました。そしてまだ日本本土には約240万人、中国大陸などには約300万人を超える陸軍兵力が温存されていました。この膨大な数の日本兵が、硫黄島で見せたような粘り強さでゲリラ戦を仕掛けたら、どうなるでしょうか。物量や火力で勝る米軍にとっても、想像もできないほどの大きな被害が生じたことが予想されました。アメリカにとって、もうこれ以上は続けたくない戦争になったのです。

南太平洋の島々から北上し、ついに日本領土である小笠原諸島の硫黄島がアメリカ軍に落とされました。サイパン島の基地から飛び立ち、中継地点であるこの硫黄島で給油や修理を行えば、はるかに簡単に日本本土に着けますし、燃料を減らせる分、爆弾も多く積み込むことができます。この島をとられ、本土空爆を止めるすべのなくなった日本は停戦交渉を模索し始めます。しかし、アメリカのルーズベルト大統領が「無条件降伏」を掲げている限り、日本がすぐに降伏することは難しかったと思われます。硫黄島を落とし、日本本土への空爆を強化するとすぐに、アメリカ軍は沖縄に上陸作戦をしかけました。

その時までにアメリカは旧植民地であるフィリピンを奪還していましたので、アメリカ本土からハワイ、フィリピンをつなぐ重要な中継基地として沖縄を地政学上の重要拠点とみなしていたと思われます。またソ連軍がいずれ北方から攻め込んでくることがわかっていましたので、アメリカ軍は南から日本本土を攻めあがる作戦でした。この3月時点でのアメリカはまだ、日本を完全に落とすにはソ連軍の協力が必要だと考えていたと思われます。

2　なぜ日本兵は死ぬまで戦ったのか

これも戦前の「人種差別」の実態を知らない現代人の我々には非常に理解しづらい点であると思います。勝てる見込みのない戦いなのに、なぜ命をかけて死ぬまで戦ったのか、早く降服すればよかったではないか、という疑問は当然だと思います。しかし、長浜浩明氏の『日本とアメリカ　戦争から平和へ〈下〉』（アイバス出版）によると、アメリカのパイロット、リンドバーグ氏の手記に「ハーグ陸戦条約」に違反したアメリカ軍の残虐行為が記してありました。

アメリカ兵は敵兵への敬意をまったくもたず、死者に対する尊厳も感じられない行為を平然とやっていたといいます。遺体の歯を足で折って金歯を取り出し、それを土産に持ち帰ったり、武器も食料もなくなり白旗を掲げて降伏しようとする日本兵を容赦なく射殺していました。リンドバーグ氏はアメリカは果たして文明国家なのだろうかと疑問を呈していました。さらに、アメリカ兵だけでなくオーストラリア兵も、捕虜となった日本兵を定期的に飛行機から突き落とし、「日本軍は玉砕した」と報告していたそうです。または、捕虜をとった場合、英語を話せる者は情報収集のために生かしておいて、それ以外の日本兵は皆殺しにしていました。そのため、アメリカ軍には大規模な日本人捕虜収容所は存在しませんでした。

さらには、兵士だけでなく民間人であっても、日本人の乗った船舶を魚雷艇で衝突し、沈没させ、助けを求める日本人を決して助けず、海に漂う人の頭をまるでゲームのように打ち抜いていました。それゆえに、日本人は兵士も民間人も、死ぬまで戦うしかなかった、とリンドバーグ氏は手記に記しています。

中国大陸の戦いでも、日本人は捕まると、中国兵に目をくりぬかれたり、耳や鼻を削がれるなど、残虐な殺し方で殺されました。連合国軍の白人兵士も国際法を無視して民間人の殺戮を狙った攻撃を数多く行いました。一方の日本軍は民間人を狙った作戦はほぼやっていません。また予想外の捕虜の多さに苦慮して、武装解除してから放免することすらありました。「人種差別」が撤廃されるのは戦後になってからであり、戦中は日本人の人権はまったく尊重されていなかったということです。

3　沖縄戦直前の知事の交代とは

硫黄島が落とされた時点で、アメリカ軍が沖縄を狙ってくるだろうことは十分に予測されました。しかし、アメリカ軍の攻撃が始まる前に、沖縄県知事が代わるなどの混乱があり、沖縄の民間人の本土への疎開が遅れ、多くの民間人が戦闘に巻き込まれることになってしまいました。新しく本土から赴任された島田知事や、全国から沖縄を守るために集まった兵士の方々は非常によく戦いましたが、物量に勝るアメリカ軍の前に3カ月後の6月23日に沖縄での日本軍の組織的な抵抗は終了し、沖縄はアメリカの手に落ちました。その後、１９７２年（昭和47年）５月15日に日本に復帰するまで、沖縄はアメリカの領土となりました。

沖縄戦についてはさまざまな著書が出ていますので、詳細な部分については省略しますが、一点、沖縄は本土決戦のための「捨て駒」ではなかったこと、沖縄戦は物量に勝るアメリカ軍に最初から押されっぱなしで、一方的に沖縄を奪われたわけではないことはここで加えておきたいと思います。もし沖縄が本当に「捨て駒」だったとしたら、全国から兵士の人たちが集まり、命を投げうって戦うことはなかったでしょうし、特攻隊の方々も沖縄戦で命を投げ出す必要もなかったでしょう。さらに日本にとって戦力として貴重だった「戦艦大和」も投入しなかったと思います。日本は全力で沖縄を守ろうと戦い、そして残念ながらアメリカに取られてしまったのだと思います。

まずは沖縄戦直前で、前任知事が本土へ逃げ出してしまったため、本土から赴任した知事がいました。これから沖縄が戦火に見舞われることがわかっていたのによくぞ知事という大役を引き受けたと思います。このことからも、本土の日本人も沖縄を何とかしたいと思っていたことがわかります。本土から赴任された沖縄県知事について、服部剛氏の『教室の感動を実況中継！　先生、日本ってすごいね』（高木書房）より抜粋して、大意を要約します。

マリアナ諸島が落とされ、フィリピンが奪還されると、その間にある沖縄も当然、アメリカ軍の攻撃の的となることが予想されます。徐々に沖縄での空襲が増えていくと、当時の沖縄県知事である泉守紀《いずみしゅき》氏は空襲を恐れ、あちこちに県庁を移転させたので行政が滞っていました。また、住民の疎開や食料の搬入を進める政府や軍にも非協力的であったそうです。そして、とうとう泉知事は出張と称して本土に出かけ、そのまま沖縄に帰ってこなかったそうです。まもなくアメリカ軍の沖縄上陸が確実な状況で、知事を引き受ける人物などいませんでした。しかし、まだ疎開できずに本当に残された県民も大勢いる中で、食糧の確保など住民の生活を見守るための指示役となる知事は必要でした。

そこで沖縄守備軍の司令官・牛島満中将が以前から親交があり、信頼していた兵庫県神戸市出身の島田叡《あきら》氏が指名され、新しい沖縄県知事として１９４５年1月31日に単身赴任しました。島田氏はポケットに青酸カリをしのばせ、命がけで沖縄に尽くす決意でした。沖縄に到着すると、島田知事は軍との協力に努め、遅れていた県民の疎開を推進しました。その結果、約16万人の県民の命が救われることになります。

また、島に残っている住民のために、食料・医薬品等を確保し、台湾から約３６００トンもの米を運び込みました。沖縄の人たちのために献身的に働く知事に、やがて県民は深い信頼の気持ちを抱くようになっていきます。また、たびたび農村を視察した島田知事は、アメリカ軍がやってくるまでに少しでも楽しい思いをさせてやりたいと、酒の増配を実施し、禁じられていた村の芝居も復活させて県民を楽しませたそうです。この知事のためなら死んでもかまわないと思った県民も多かったと言います。

硫黄島での状況が悪化する3月になると、アメリカ軍の空襲も頻繁となり、県庁を首里に移転し地下壕の中で仕事をするようになりました。県庁の職員も沖縄のために命をかけて尽くしてくれる知事に応えて、懸命に努力しました。しかし、硫黄島が落ち、本格的なアメリカ軍の上陸作戦が始まると、軍・民ともに沖縄本島南部に追い詰められていきました。

行政の仕事がほとんどできなくなると、県の職員から、もう十分に沖縄のために働かれたので、手を挙げて出ていかれてはどうか、と提案されました。すると島田知事は、「沖縄県民がどれだけ死んでいるか、知っているだろう。県の長官としてボクが生きて帰れると思うかね」と答えたそうです。そして激戦の中、軍の壕を目指して出て行った島田知事はそこで消息を絶ってしまったそうです。その後、島田知事は足をやられて動けなくなったところ、拳銃で自決したことが明らかになりました。この島田知事の行動は本土から沖縄を助けるために駆けつけた兵士の人たちや、特攻で沖縄のために命を失った方々の行動と重なるように感じられます。

4　沖縄戦（日本はどう戦ったか：1945年3月26日から6月23日）

では、硫黄島を攻め落とし、さらに北上して沖縄に襲いかかろうとするアメリカ軍を日本軍はいかに迎え撃とうとしたのでしょうか。

私たちが学校で習った戦争の大筋は、そもそも力の差があり、生産力がまったく違うアメリカに戦争を仕掛けたことが間違いであり、沖縄戦は一方的にやられたというものでした。しかし、ペリリュー島や硫黄島の戦いもそうでしたが、実際には日本軍は沖縄を死守するために非常に計算した作戦を立て、かつ頑強に抵抗したことがわかっています。沖縄戦のそれぞれの段階での戦闘の状況は『歪められた真実　昭和の大戦（大東亜戦争）』（ワック）などに詳しく書かれていますが、ここではねずさんブログ（R2.8.27沖縄戦）を参考にしながら、大意を要約します。

硫黄島を落とすのにてこずったアメリカ軍の大艦隊はすぐに北上して沖縄へと向かいました。3月26日に慶良間諸島に上陸した後、4月1日に沖縄本島に上陸を開始しました。米軍側の報道によると、アメリカ軍は、日本軍の頑強な抵抗にあい、4月いっぱいかけても、わずか、2、3キロしか前進できなかったことが記されています。さらに地上でそのような激戦が繰り返されたため、上陸した軍への補給と支援、およびその補給艦隊の援護のために、アメリカ海軍の機動部隊は沖縄近海に長くとどまっていました。すると、その艦隊めがけて、相次ぐ特攻隊による攻撃が加えられ、アメリカ軍の被害は大きくなりました。

4月はじめから6月23日まで続いた沖縄戦において、特攻は本土から約1900機が出撃しました。そしてアメリカ軍の軍艦34隻を沈没させ、空母、戦艦368隻に重大な損傷を与えました。特攻機は普通5機の編隊を組んで敵に向かいますので、1900機でおよそ380回編隊を組んで攻撃したことになります。380回の攻撃で402隻に損傷を与えたということは、ほぼ全攻撃が一定の成果を挙げたことになります。アメリカ軍の陸軍戦史にも、『沖縄における日本軍は、まことに優秀な計画と善謀をもって、わが進攻に立ち向かった』と記されているそうです。

この沖縄戦では、八原博道《やはらひろみち》第32軍高級参謀が指揮をとりました。八原氏は2年間のアメリカ駐在の経験があり、硫黄島の戦いで指揮をとった栗林中将と同様に、アメリカをよく知った人物でした。八原氏も、沖縄の珊瑚に囲まれた地形や、あちこちにある洞窟を利用し、長期持久戦を行うという作戦を立てました。アメリカ軍の圧倒的な火力を洞窟の中でやり過ごし、ゲリラ戦で戦闘を長期化させ、アメリカ国内の厭戦気分を引き起こすことができれば、その後の和平交渉で日本の立場を有利にできると考えたのです。

ところが、沖縄戦の前に沖縄県知事だった泉守紀氏は、この方針に従ってくれませんでした。徐々に激しくなるアメリカの空爆に恐怖を感じた泉知事は、自分だけが本土に行けるよう工作をして、逃亡するように沖縄からいなくなってしまいました。その後やってきた後任の島田知事の懸命の努力にもかかわらず、アメリカ軍が沖縄に上陸するまでに民間人が多く残ることになりました。八原参謀は、高齢者や婦女子８万人を本土に避難させた後、島に残った民間人を戦闘地から外れた島北部に疎開させました。そのうえで、若い青壮年男子２万人には島内での陣地構築に協力してもらいました。

昭和20（１９４５）年４月１日、米軍の上陸部隊が沖縄本島中部の渡久地海岸に来襲しました。戦艦10、巡洋艦９、駆逐艦23、砲艦１１７という、気の遠くなるような大艦隊です。そしてその日のうちに、艦砲弾４万５千発、ロケット弾３万３千発、迫撃砲弾２万２千発という、史上かつてない猛砲撃をはじめました。（中略）

事前の猛爆撃のあと、午前８時には千数百隻の上陸用舟艇が海岸に殺到しました。幅、わずか11キロの海岸に、４個師団（約６万人ほど）もの大兵力が一度に上陸したのです。（中略）

これまた、硫黄島の戦いと同様、アメリカ軍は上陸前に艦隊から猛烈な艦砲射撃の攻撃を上陸地点に浴びせました。しかし、地下に潜んでいる日本軍はまったく被害を被りません。そして上陸した米軍兵が洞窟に近づくと、日本兵があらかじめ築いてあった陣地に飛び出しては、的確な射撃で米兵を倒していきました。米軍が反撃しようとすると、そこには日本兵は、もういない、という状況が続きました。米軍の上陸から一週間は、米軍側に死傷者が続出し、日本側の損耗はほとんどありませんでした。

（ねずさんブログ：R2.8.27沖縄戦より）

「真珠湾攻撃」「ミッドウェイ海戦」「ガダルカナル島での攻防戦」など、大本営の立てる作戦には首をかしげるものが多くありましたが、この沖縄戦でも大本営から信じられないような指令が現場に届いたといいます。日本側がこれだけ優位に戦闘を続けているにもかかわらず、大本営から、沖縄軍司令部に、アメリカ軍に沖縄本島上陸を許したことをとがめる電報が入りました。それを受け、司令部の幹部からも、陣地を出て積極的な反撃に出るべきである、と強硬な意見が出されました。八原参謀はこれに大反対しますが、上官の指示には従わざるを得ません。

4月12日に、アメリカの上陸拠点を叩くべく、3個大隊による夜襲が決行されました。ところが、この日本軍の動きはアメリカ軍に見抜かれ、アメリカ軍の打ちあげた照明弾によって、急襲隊は発見され、アメリカ軍から集中砲撃を浴びました。その結果、1個大隊が全滅。2個大隊も大勢の負傷者を出してしまいます。味方の負傷兵の救助ため、弾薬の大半も無駄撃ちしてしまうことになってしまいました。負傷兵が大量に出たことによって、ゲリラ戦の続行も難しくなり、撤退を余儀なくされました。

エリート中将による「総攻撃」が、一気に日本を不利な状況へと追い込むことになり、アメリカ軍を長期戦に引きずり込むという八原参謀の作戦が不可能となってしまいました。そこからは物量に勝るアメリカ軍に徐々に追い詰められ、日本軍は5月30日に摩文仁高地まで撤退しました。弾薬は不足し、負傷兵が増えて戦力となる人員もなくなり、6月17日には、組織的な抵抗がほぼ不可能な状態に陥りました。そしてついに6月23日、沖縄はアメリカ軍に占領されました。

しかし若い八原高級参謀の立てた作戦が、すくなくとも緒戦において、米軍をてこずらせたこと、および、もし八原参謀の戦略が貫徹され、持久戦が続いていれば、もしかすると沖縄は終戦時まで持ちこたえ、米軍の死傷者が膨大な数に上っていたかもしれません。そうなれば、米国は早々に終戦を迫られることになった可能性は、否定できない事実です。エリートの無用なプライドが現場を混乱させ、結果的に失敗へと導いてしまう、ということの教訓は現在の日本でも言えることかもしれません。

5　沖縄戦での特攻隊

沖縄戦の最後に特攻隊のことに少し触れておきます。特攻隊が編成され、特攻隊による攻撃が始まったのは、戦局が困難となった１９４４年の10月のフィリピンでの戦いからですが、沖縄戦でも特攻隊が大きな貢献をしました。沖縄戦で、アメリカ軍が艦砲射撃で打ち込んだ砲弾には、無数の鉄片が仕込んでありました。砲弾が爆発すると中の鉄片が飛散し、近くにいた人の肉を切り裂き殺傷力を高めるためでした。このような砲弾が5月の１カ月間だけで５８０万発が撃ち込まれました。

このような状況の中で、軍人たちは戦い、また民間人は避難していました。そして、「鉄の暴風」と言われた艦砲射撃が終日繰り返され続けた沖縄ですが、その地上への砲撃がピタリと止む瞬間がありました。それは上空に、日本の特攻機がやってきた時です。特攻隊がアメリカ艦隊に向かって飛んでくると、アメリカ艦隊の地上への艦砲射撃は特攻隊に向けた対空砲火に切り替わります。その間に、地上にいる人々は急いで防空壕を出て、さらに奥地へと逃げることができました。沖縄の人たちは特攻機が飛んでくると、逃げながら、走りながら、胸の中で上空のパイロットに手を合わせたと言います。

飛行機に乗っているのは、自分たちよりはるかに年下のまだ十代の若い兵隊さんです。その兵隊さんが、ほんの数機、ほんの数名で、海を埋め尽くす米艦隊に挑んでくれている。絶対に生きて帰れる見込みがないのに、それでも立ち向かっていってくれている。その若い兵隊さんのおかげで、自分たちは逃げれる。それはいってみれば、子に戦わせて親が逃げる、そんな気持ちだったかもしれません。

（ねずさんブログ：R3.5.25より）

沖縄戦について様々な評価があります。けれども、圧倒的な物量で民間人を巻き込んで攻撃を仕掛けてくるアメリカ軍に対し、日本は沖縄を救うため、必死の防衛戦を挑んでいました。沖縄戦が始まった10日後には、戦艦大和が出撃しました。護衛の戦闘機もつけず、帰りの燃料のない、片道切符の出撃でした。その大和には、沖縄の女性たちに届けるための10万個の生理帯も乗っていたといいます。特攻機は、海軍９４０機、陸軍８８７機が突入し、海軍２０４５人、陸軍１０２２人が散華しました。この沖縄戦では10万人の軍人とともに、民間人も約10万人が犠牲となりました。しかし、日本は沖縄を守ろうと必死に抵抗し、アメリカ軍も、戦死者約1万2000人、戦傷者約7万人という犠牲者を出しました。ノルマンディ上陸作戦でも、連合軍側の戦死者は1913人、負傷者は約6000人だったそうです。

残念ながら、沖縄はアメリカに取られてしまいました。その後、日本全土が占領されることになるのですが、沖縄戦での日本軍の戦いを振り返れば、決して日本は沖縄を「捨て石」にするつもりなどなかったことがわかると思います。もし沖縄がもっと簡単に落とされていたら、すぐにアメリカ軍が北上し、九州もアメリカ領になっていたかもしれません。また、占領後の日本人の扱いももっと過酷な植民地のようなものになっていたかもしれません。ここで、「命を懸けて日本を守ろうとしてくれた日本軍兵士の人たちと日本軍に協力した沖縄県民の方々」のおかげで今の日本があることもよくわかると思います。

硫黄島に続く沖縄での日本軍の勇敢な戦いぶりは、アメリカ軍に恐怖を与えました。当初、アメリカのルーズベルト大統領は日本に対して「無条件降伏」以外を認めていませんでした。「無条件降伏」すれば、国家は消滅し、日本もアジアの一植民地となってしまったかもしれません。しかし、硫黄島に続く、この沖縄戦でアメリカ軍は「二度と日本と戦いたくない」との思いを募らせました。戦後のGHQ（連合国軍最高司令官総司令部）の日本統治もかなり過酷なものでしたが、日本は決して植民地（奴隷国家）の扱いにはなりませんでした。さらには戦後に創設された自衛隊とアメリカ駐留軍との関係も、絶対服従関係ではなく、お互いをリスペクトする信頼関係が出来上がったのは、この戦中の日本軍の戦いにある意味、アメリカ軍がリスペクトする気持ちが芽生えたからではないかと推測できます。

私の学生時代の戦争に対するイメージは「圧倒的な工業力を持つアメリカを真珠湾攻撃で怒らせてしまった日本は、物量の差で一方的にアメリカに攻め立てられ、原爆まで落とされて完敗してしまった。さらに戦後はアメリカに占領されて、日本の様々なものが変えられていった」というものでした。しかし、改めて事実を掘り起こしていくと、日本はかなり善戦していたことがわかります。世界一の工業力を持つアメリカを相当てこずらせました。

また「特攻」は自分の命をなげうって相手を攻撃するものであり、「人道的ではない」と評価されています。しかし、沖縄戦や硫黄島で地下壕にこもって戦った兵士の人たちも「勝つ見込みのない戦い」を強いられていました。硫黄島では「玉砕」が禁止すらされていました。これは一瞬で死ねる「特攻」よりもつらかったのではないでしょうか。しかし、それでも本土に残る自分の家族やその他の日本国民のために戦ったのです。

6　集団自決（軍の命令はあったのか）

第二次世界大戦中、さまざまなところで、特に日本女性の集団自決事件がありました。それは外国人兵士が無抵抗の民間人と遭遇したらどういう目に遭うか、言い伝えられていたことを知っていた結果でした。古来、「刀伊《とい》の入寇」「元寇」の時の対馬、壱岐での虐殺から樺太での尼港事件（ソ連兵による樺太での事件）、そして中国大陸での様々な邦人虐殺事件を聞いていればそのような行動は当然でした。女性でなくても、日清戦争以来、清国兵士、中国人兵士に捕まった日本人兵が残酷な扱いを受け、惨殺される場面を見て、日本人兵士は捕まったら、自決するよう指示を受けていました。

そんな中、アメリカ軍が沖縄本島に迫る直前、離島で集団自決事件が起きていました。終戦後アメリカによってアメリカ領とされた沖縄では、住民たちの日本本土への思いを断ち切るような分断工作がなされます。日本軍と疎開できずに島に残った民間人が協力して戦った沖縄戦でも、「軍は民間人にひどいことをした。住民の集団自決も軍の命令だった」と虚偽の報道を流し、住民の気持ちを日本から引き離そうという工作がなされていました。

離島での「集団自決」は軍命令によるものである、という通説が出来上がったのは、沖縄タイムス社が編集し、朝日新聞が刊行した『鉄の暴風』（１９５０年初版）という本が出された影響が大きいとされています。沖縄はアメリカに占領され、アメリカ領となっていました。当然、本の出版にはアメリカ軍の検閲が入ります。恵隆之介氏によると、アメリカ軍には心理作戦部隊があり、出版物はすべて検閲され、内容が改変されたといいます。アメリカ軍が沖縄の人々の心を本土から引き裂くために、「沖縄は日本から見捨てられ、差別された」という内容に改変され、「座間味村の集団自決は軍命令による、渡嘉敷村は赤松嘉次隊長の命令であった」という裏付けのない内容が書かれていました。さらに１９７０年に発行された大江健三郎氏の『沖縄ノート』（岩波書店）も、『鉄の暴風』を改めて注目させるような内容で、集団自決に関わる証人には一切取材せずに書かれており、「沖縄の悲劇」を改めて煽る内容でした。

27年間のアメリカ統治の後、１９７２年（昭和47年）５月15日にようやく沖縄は日本に返還されましたが、「沖縄は本土を守るための犠牲となった」というアメリカ統治時代の沖縄県民を本土から引き離す洗脳は続き、メディアも「集団自決は軍命令による」という記事を裏付けもとらずに流していました。しかし、曽野綾子氏らがようやく現地での聞き込み調査などを行い、徐々に真相が解明されていきました。そのことは『沖縄戦・渡嘉敷島「集団自決の真実」日本軍の住民自決命令はなかった！』（曽野綾子著：ワック）という本にまとめられました。

また、2001年（平成13年）には宮城晴美さんという女性が書かれた『母の遺したもの　沖縄・座間味島集団自決の新しい証言』（高文研）という沖縄の集団自決の真相を語る著書が出版されました。その著書には、晴美さんの母親、初枝さんが書いた手紙に「集団自決は日本軍の命令ではなかった」という言葉が載っていました。この宮城初枝さんは、座間味島での戦闘に巻き込まれましたが、幸運にも生き残り、「遺言」ともいえる手紙を残して2000年（平成元年）に他界したそうです。沖縄戦の通説は「日本軍は沖縄を捨て石にした」「兵士たちは民間人に対してひどい仕打ちをした」「民間人に集団自決を命令した」ことになっていましたが、この本はそのような通説をくつがえすものでした。

例えば、通説では日本兵が子連れの母親に対し、「泣く子は殺せ」という言葉を浴びせたことになっていましたが、実際には避難住民が発した言葉であったことも書いてありました。ガマ（自然壕）に避難していた母親が連れていた男の子が泣き続けるのに対して、住民の一人の男性が「どこの子どもだ。海に捨ててこい」と怒鳴りつけたそうです。それでも泣き止まない子に、「アメリカが来たらどうするんだ、殺せ」とその住民が言うと、それにつられるように「殺せ、殺せ」という声が周りの住民たちから飛び交っていたのだそうです。

戦後、しばらくは沈黙を保っていた初枝さんは、なぜ真実を明かそうとしたのでしょうか。軍人や軍属を対象に施行された１９５２年（昭和27年）の「戦傷病者戦没者遺族等援護」（援護法）が、翌年（１９５３年）に奄美・沖縄まで適用されるようになりました。そして１９５７年（昭和32年）４月に、厚生省の職員が初枝さんに聴き取り調査を行ないました。初枝さんが、梅澤隊長のもとへ出かけた５人のうち、唯一生き残っていたからでした。この時、初枝さんは島の長老から、「梅澤隊長に会った時、隊長から自決命令を出されたと証言するように」と言われたそうです。そして初枝さんの証言により、「戦闘参加者」として「援護法」が適用されることになり、座間味村と渡嘉敷村の「集団自決」の遺族や負傷者に遺族給与金や障害年金が支給されることになりました。

さらには１９６９年（昭和44年）には朝日に続き、読売から『秘録　沖縄戦記』が出版され、「集団自決は日本軍の命令によるもの」という通説が広く定着していくことになりました。

しかし、当時の貧しい村の生活を考えると、初枝さんは「真実」を語ることはできませんでした。その初枝さんは、１９８０年（昭和55年）に梅澤隊長と対面することになりました。そこで初枝さんは、「住民を玉砕するようにお願いに行きましたが、梅澤隊長にそのまま帰されました」と真実を告白しました。そして、貧しい村民が生活していくには援護法を適用してもらい、補償金をもらうしかなかったこと、実際に集団自決することを命じた村民を苦しめたくなかったことを、梅澤隊長に打ち明けました。

梅澤隊長は男泣きし、島の人たちを助けるために自分が悪者になるのは構わない、自分の家族に真実が伝わればそれで十分です、と答えたと言います。現実には、集団自決を命じた者とレッテルを貼られた梅澤隊長の家族は崩壊し、職場にもいられなくなり、仕事も転々とした生活だったそうです。１９８７年（昭和62年）になり、座間味遺族会会長の宮村幸延氏は梅澤隊長に「詫び証文」を書いて謝罪しました。実際に村民に集団自決を命令したのは村のある有力者だったそうです。それでも梅澤隊長は島民の人たちを恨んではいませんでした。

渡嘉敷島の「集団自決」についても、曽野綾子氏が実際に現地を訪れ、島民の方々に取材をして、『沖縄戦・渡嘉敷島「集団自決の真実」日本軍の住民自決命令はなかった！』という著書で、当時の赤松大尉が集団自決を命令したことはウソであったことを証明しました。

また、元琉球政府職員の照屋昇雄氏が渡嘉敷島の集団自決のことを調査した当時のことを証言した内容が、平成18年8月21日の産経新聞に掲載されました。照屋氏によると、集団自決が軍の命令だと証言した住民はいなかったそうです。貧困にあえぐ島民を救うため、のなら、義援金が出せると認めてくれたそうです。

　当時の赤松隊長が、その話を聞き、自分が十字架を背負うから、隊長命令とする命令書を作ってくれたら判を押してサインする、と言ってくれたそうです。島民たちはこのことを知っていたので、どんな人が来ても真相は言わなかったのだそうです。しかし、赤松隊長が余命３カ月と宣告された時、島を訪ねて玉井村長に「自分が命令したという部分だけは訂正してくれないか」と要請されたそうです。しかし、玉井村長は「そうしたらお金を受け取っている人がどうなるかわからない」と要請を断ったのでした。赤松隊長と玉井村長が亡くなられてから、照屋氏は２人のためにも自分が真実を言わなければ、と思い、証言されたとのことです。この間、赤松隊の隊員の方々は島民の方々の生活を案じて沈黙を守り続けました。

　梅澤隊長も赤松隊長も、終戦直後の島の住民の窮状を憂いて、「自分が命令を下した」とウソの発言したことは事実ですが、当時の日本軍が命令して住民たちが集団自決してしまったわけではないという事実は明らかにしておかなければならないと思います。当時の軍が住民を犠牲にした、沖縄を捨て石にしたという間違った考え方も見直していかなければならないと思います。

7　原爆投下（1945年8月）

　1945年6月末に沖縄がアメリカ軍の手に落ち、日本としてはもう組織的な反撃能力は残っていませんでした。あとはいかに停戦交渉をするかにかかっていました。しかし7月になると、アメリカの原爆実験が成功し、実戦で使えるめどが立ちました。その年、4月にルーズベルト前アメリカ大統領が亡くなり、トルーマン大統領になっていました。そして5月、ドイツが崩壊し、ヨーロッパでの戦闘が終わると、ソ連は東欧で勢力を伸ばし共産主義圏を拡大していきました。

　日本は4月以降、停戦交渉を模索し、不可侵条約締結国であるソ連に和平工作を仲介してもらうことを依頼していました。しかし、ソ連は東欧と同様に東アジアでもできるかぎり勢力を広げておきたいという野心があり、日本との不可侵条約を破棄して日本に攻め込むことをアメリカと約束していました。戦後の世界の枠組みを話し合うポツダム会談（7月）で、ソ連の対日戦参加の確約を得た翌日、トルーマン大統領は原子爆弾実験の成功を伝えられました。その情報を得たトルーマン大統領は対日戦にソ連の参戦は必要ではないと考えるようになりました。トルーマンは日本に降伏を勧告する「ポツダム宣言」から天皇制容認の条項を削り、原爆投下命令を承認しました。

天皇の地位が保証されなければ、日本としては受け入れられません。鈴木貫太郎内閣は「ポツダム宣言」の存在を論評なしに公表することにしました。「ポツダム宣言」の内容を国民に示すため、新聞社には、「ポツダム宣言」の全文のみを発表するように指導したのです。ところがこの場においても、新聞各社は自社の新聞を売るために過剰に派手な報道をしました。

日本の大手新聞社は、派手な見出しとともに、「首相、ポツダム宣言黙殺」「笑止、対日降伏条件」など、派手に報道したといいます。日本の代表通信社である同盟通信社は「黙殺」を「ignore it entirely（全面的に無視）」と翻訳し、ロイターとAP通信ではこれを「reject（拒否）」と訳して、世界中に報道してしまいました。こうした日本のメディアの情報の歪曲によって、アメリカは「日本は断固戦闘継続の意向」との見方をするようになってしまいました。この終戦の時期になってもなお、新聞各社がこのような記事を出していたとすると、戦時中に新聞が強硬な「報道管制」を敷かれ、「大本営発表」しか報道できなかったという通説は間違いということがわかります。

日本のメディアの過激な報道によって、日本が簡単には降伏しないと見るや、アメリカ政府は原爆を使用し、戦争の早期終結を目指そうとします。原爆の使用については、アメリカ国内でも反対する議員や軍人が大勢いました。沖縄を占領した時点で、日本には反撃できる能力はないという判断でした。日本の鈴木首相も「天皇の地位さえ保証するなら、いつでも和平に応じる」というメッセージを出していました。しかし、アメリカ大統領トルーマンは日本がポツダム宣言を受諾できないように、天皇の条項は削除した形で宣言を出しました。さらに日ソ不可侵条約を頼りにソ連に和平の仲介を託した日本でしたが、ソ連は条約を破棄して日本に攻め込むことをアメリカと合意していました。しかし、仲介のそぶりを見せて日本をあざむくため、ソ連はポツダム宣言には署名しませんでした。その一方でドイツ戦に投入していた兵力を東に移動させ、日本に襲い掛かる準備をしていました。

結局は広島と長崎の市街地に原子爆弾が落とされ、甚大な被害を出しました。広島と長崎にそれぞれ違う種類の原爆が、軍の施設ではなく、市街地に落とされました。8月6日に広島に投下された原爆は「ウラン235型原子爆弾」で通称「リトルボーイ」と呼ばれました。また8月9日に投下された原爆は「プルトニウム型原爆」で「ファットマン」と呼ばれました。長崎に原爆が投下された後、原爆開発のマンハッタン計画を担当したロス・アラモス研究所は、「我々は、史上2度の『原爆実験』に成功した」と公表しています。

6月に沖縄戦が終了した直後に、ブラッドレー米国統合参謀本部議長によって出された報告書には、「日本は既に事実上敗北しており、降伏を準備している」と記されていました。つまり、米国は沖縄戦が終了した時点で、日本に反撃能力はないことがわかっていたのです。アメリカは、「日本に何をしても、絶対に日本から報復を受けるおそれがない」と確信した上で、「原爆投下実験」を行なったということになります。反撃される心配がないから、日本人は、実験材料としての『モルモット』にされたのです。

広島、長崎では日本が絶対に報復してこない無抵抗の状態になったところで、原爆が実験として落とされました。広島に原爆が落とされた後、8月8日にソ連が日本に襲い掛かってきました。8月9日、長崎に2発目の原爆が落とされた後、14日に日本は「ポツダム宣言」を受諾し、15日に天皇による「終戦宣言」をしました。しかし、日本が終戦宣言をして武器を置こうとした後も、ソ連は日本の領土を狙って、攻撃を続けました。満洲では終戦したにもかかわらず、関東軍が武装解除した後、ソ連兵によって無抵抗の民間人たちが非道の限りを受け、地獄と化しました。日本を守る、国民を守る上で、「無抵抗であることの恐ろしさ」を十分に教訓として考えなければいけないのではないかと思います。

8　鈴木貫太郎（終戦時の日本の首相）の偉業

ソ連、中国、アメリカに引きずられるように巻き込まれた戦争をなんとか終わらせたい日本でしたが、終戦後の国際状況を考えた米ソの思惑などもからみ、戦争末期は日本の意思だけでは戦争を終わらせることはできませんでした。さらに中国大陸でほとんど負けておらず、大きな勢力を保っていた関東軍を中心とした日本陸軍も、このまま無抵抗で敗戦することには反対でした。そんな中、戦争を終わらせるために天皇に懇願されて首相になったのが鈴木貫太郎氏でした。小名木善行氏の『ねずさんの昔も今もすごいぞ日本人！』第二巻（彩雲出版）より、大意を要約します。

鈴木氏は、もともとは海軍の兵士として日清・日露の両戦役で活躍された勇将でした。日清戦争時は水雷艇隊の艦長として敵艦を沈め、勝利に貢献しました。また、日露戦争では、軍艦「春日」の副長となり、そこから駆逐艦司令となり、部下を猛訓練し、日本海海戦での勝利に貢献しました。鈴木氏は１９２９年（昭和４年）１月から、宮中の侍従長に任命され、それ以降、昭和天皇から篤い信頼を得るようになりました。しかし、「陛下のおそばにいる」というだけで、若手将校から疎まれ、１９３６年（昭和11年）２月26日の二・二六事件で、銃撃されてしまいました。しかし夫人の的確な処置などにより、奇跡的に一命を取り留めました。

アメリカとの戦争が始まった１９４１年の12月の時点の首相は東条英機氏でした。戦争にはやる軍部を抑えられるのは軍人である東条しかいないという判断でしたが、アメリカとの開戦は回避できず、戦争に突入しました。そして最初の半年の日本軍の快進撃で舞い上がってしまい、大英帝国のアジア支配の拠点、シンガポールを落としたところで、武藤参謀から「和平交渉を開始しては」と提案されるも、それを拒否しました。戦況が反転してアメリカが優勢となり、絶対防衛圏と定めていたマリアナ諸島が落とされると、その責任をとって首相を辞任し、首相は小磯国昭氏になりました。

しかし、小磯首相でも戦況の打開はできず、１９４５年（昭和20年）３月に硫黄島が落とされ、日本はますます追い詰められていきました。そしてその戦況悪化の責任をとって総辞職した小磯首相の後継として、首相に指名されたのが鈴木貫太郎氏でした（４月７日）。もともと軍人である鈴木氏は「軍人は政治にかかわるべきではない」の信念のもと、固辞されたそうですが、この時、天皇陛下は「鈴木の心境はわかる。しかし、この重大な時にあたって、もうほかに人はいない。頼むから、どうか曲げて承知してもらいたい」と懇願されたそうです。天皇陛下から「頼む」とお願いされて、それ以上辞退できません。天皇陛下はこの状況下で終戦交渉をまとめられるのは鈴木氏しかいないと見込んで大役を依頼されたのでした。

この時、アメリカ軍は硫黄島を落とした後、沖縄に襲い掛かっていました。アメリカ軍が本土の目の前まで迫っていましたが、中国大陸にはまだ関東軍が健在でした。その状況下で国内にも断固戦争を継続すべしと主張する強硬派も多く存在していました。しかし、鈴木貫太郎は6月9日に臨時議会を召集し、「我が国の国体を維持できれば、講和を受け入れる用意がある」というメッセージを発信しました。天皇の地位さえ保証すれば、日本は講和を受け入れるということをアメリカは理解しました。6月23日、アメリカ軍が沖縄を占領すると、鈴木首相は和平交渉への道を急ぎ、近衛文麿をソ連に特使として送ることに決めました。日ソ中立条約を締結しているソ連に依頼して、和平交渉を仲裁してもらおうとしたのです。

しかし7月、トルーマン、チャーチル、スターリンがベルリン郊外のポツダムで会談している最中に、原爆実験が成功したという知らせがトルーマンに届きました。これでアメリカはソ連の協力がなくても日本を敗戦に追い詰めることができると確信しました。そしてソ連抜きで「ポツダム宣言」が発せられました。スターリンを信用し、思うままに要求を聞いてくれたルーズベルトがいなくなり、代わったトルーマンは共産主義政権のソ連の動きを警戒していました。疎外されたソ連は、ヨーロッパに展開していた120万のソ連兵を満洲、樺太、カムチャッカ半島へと展開し、日本が支配する地域を奪い取る準備を始めました。

8月6日に広島に原爆が落とされ、8日にソ連が日本のソ連大使を通じて対日参戦を宣告し、翌日未明にソ連軍が満洲へと侵攻しました。さらにその9日には長崎に2発目の原爆が落とされ、その夜、鈴木首相は緊急閣議を召集しました。そして8月14日の御前会議で、日本は正式にポツダム宣言受諾を決定しました。すると8月15日早朝、鈴木首相は強硬派に襲撃され、私邸は焼き払われ、私財はすべて全焼してしまいました。この日、鈴木首相は内閣を総辞職しました。この時78歳だった鈴木貫太郎氏は2年後の1948年（昭和23年）4月17日、80歳で永眠されました。鈴木氏は日本を終戦に導くために、まさにすべてを投げうって大役を果たしてくれました。現在の日本はこのような人たちのおかげで存在しているのです。

知れば知るほどすごい人です。NHKも心を入れ替えて、ぜひ鈴木貫太郎氏のような人を「大河ドラマ」に出してほしいですね。

9　終戦後のソ連の侵攻

　1945年8月15日、日本は正式に「ポツダム宣言」を受け入れ、終戦を表明しました。天皇による終戦の詔書が放送され、軍隊は武器を置くことになりました。またこの時点で海外に残っていた兵たちにも指示を徹底するために、多くの皇族の方々が海外の戦地へと派遣されました。しかし、この8月15日が過ぎても、日本に対する攻撃を止めない国がありました。ソビエト連邦（ソ連：現ロシア）政府は日本の敗色が濃厚になりつつある1945年4月5日に「1946年4月24日に期間満了するソ日中立条約を破棄する」と日本政府に通達、8月8日に日本に襲い掛かり、8月15日を過ぎても攻撃を止めず、火事場泥棒的に日本領土を奪い取ろうとしました。

　アメリカ軍が南から北上しながら攻めあがってきたのに対し、ソ連は日本列島の北から襲い掛かってきました。ソ連のスターリンは満洲および日本領であった千島列島と南樺太を奪い取り、さらに北海道の北半分の分割占領をもくろんでいたと言われています。そのソ連の日本侵略部隊のひとつは、終戦後の8月17日深夜に、千島列島の北端にある占守《しゅむしゅ》島《とう》に上陸してきました。

当時、日本軍の北方の最高責任者である樋口季一郎氏はロシアのことをよく知る人物であり、「戦争終結後に、必ずソ連は攻めてくる」とにらんでいました。ポツダム宣言受諾の連絡を受けた占守島の部隊は、8月15日夕刻から武装解除の準備を始めました。しかし、18日の午前1時、突如対岸から占守島に向けて激しい砲撃が開始され、島の北端の竹田浜に数千ものソ連兵士が上陸してきました。樋口司令官は直ちに反撃の指示を出し、午前2時からソ連兵上陸地点への砲撃を開始します。同時に戦車連帯を竹田浜へと出撃させ、激戦の末にソ連軍を撃退しました。そのまま守備隊が総攻撃を加えればソ連軍は殲滅かと思われた時、停戦命令が伝達されました。戦闘に勝っていた日本軍が壊滅状態のソ連軍に降伏したのです。

占守島の日本軍が降伏した後も、ソ連軍は千島列島の島を順次占領していきました。9月2日に日本が降伏文書に調印し、正式に戦闘が終結したにもかかわらず、ソ連軍は9月5日まで侵攻を続け、択捉島、国後島、色丹島、歯舞諸島を不法に奪ったのです。しかし、最初の占守島で大きくつまづいたソ連軍がようやく北海道まで来た時には、すでにアメリカ軍が進駐していました。占守島の日本兵が命をかけて勇敢に戦ってくれたおかげで、その間にアメリカ軍が進駐し、ソ連軍は北海道の占領はできませんでした。

この占守島の戦いについて、もう一点、「R3.8.29のねずさんブログ」の記述を付け加えておきます。

ソ連軍の上陸が判明してすぐ、師団本部は島の缶詰工場で働いていた2500名の民間人のうちの約400名の女子工員を北海道に送り返すことにしました。そのまま島に残っていてはソ連兵に凌辱《レイプ》されてしまうからです。島に上陸しようとする敵部隊に集中砲火を浴びせて釘付けにしている間に漁船20数隻に分乗させて、北海道に向けて出港させました。そして占守島での戦闘終結の翌日、女子工員が無事北海道に到着したとの電報が届きました。しかし、占守島にいた日本人約2万5000人は、武装解除した後、上陸してきたソ連兵によって全員逮捕され、シベリアに連行されました。そしてシベリアに着いた時にはその人数は5000名に減っていました。理由もなく殺されたからです。

占守島に上陸してきたソ連兵は、日本兵の武装解除の後、島中で女性を探し回ったそうです。もし女性工員たちがいち早く島を出ることができなかったらと考えると、恐ろしく感じます。実際に、ソ連が満洲国に攻め込んできた時、満洲北部ではまさに地獄絵図が展開されました。尼港事件（1920年）や通州事件（1937年）をはるかにしのぐ規模の虐殺、凌辱が行なわれたのです。もし占守島守備隊が、何の抵抗もせずソ連軍の悪行にまかせるままでいたら、女子工員はソ連兵に凌辱されるままになっていたであろうし、ソ連はそのまま北海道に攻め込み、戦後日本は朝鮮半島のように、分断されていたでしょう。

中国大陸でソ連と国境を接していた満洲では、関東軍が武器を置いた後、侵攻してきたソ連軍によって、まさに地獄絵図が展開されてしまいました。しかし門田隆将氏が『歴史通』２０１５年9月号、「台湾を守ったサムライ根本博」の中で、内蒙古での根本博司令官がそこにいた4万人もの民間人を守り抜いたことを語っています。

根本博氏は、終戦時、武装解除の指示を拒絶する道を選びました。この時、内蒙古（モンゴル）に残っていた4万人もの日本人を守り、無事、内地へ帰還させることこそが駐蒙軍の使命であるとしてソ連軍との決死の戦いが展開されました。ソ連軍の猛攻に耐え、居留邦人4万人の命を救い、やっと北京へとたどり着いた駐蒙軍を出迎えた松永少将はただ涙があふれ出て、感謝と慰労の言葉さえ述べることができなかったそうです。北京に到着した日本人は、ようやくこの戦争の愚かさに気づいた蒋介石によって、無事日本へと送り返されました。根本氏はそのことで蒋介石に恩義を感じ、この記事のタイトルにあるように、その後、中国内戦の時に台湾を守るために奮闘することになります。

抵抗する武器のない無防備な状態に置かれた場合、戦争下においては、満洲のような地獄と化すことがわかります。私の身内にも満洲から幼いころに引き揚げてきた経験をした叔父がいますが、話を聞くたびに「本当のことなのか」と耳を疑うようなできごとばかりでした。現地の人たちから「子どもを置いていけ」と何度も声をかけられるので、親の手を離さないようにしていたそうです。引き揚げ列車は時々停車して、その間に用を足したり、水を汲んだりするのですが、何の合図もなく列車は動き出したそうです。当然、それに気づかなかった人たちは置いていかれるわけです。それにしても、自分の命をかけて、民間人を守り抜いてくれた兵士の方々、北海道が分断されることを阻止してくれた守備隊の方々には本当に頭が下がる思いです。

日本が敗戦することが濃厚となり、日本の領土を奪うことが可能だと判断できるようになってから、ソ連は武力侵攻し、千島列島を奪い取りました。また満洲では、無抵抗の日本人を暴行、凌辱、惨殺しました。中国大陸では何度も日本人は同じような目に遭いました。国防を考えるとき、無抵抗で武器を置いてしまい、「反撃できない状態になってしまう」危険を十分に考えなければなりません。

安倍元首相が亡くなる前、「核兵器シェア」について言及していました。日本が独自に核兵器を開発し所有することが難しい現状を考え、アメリカの核兵器を借りてきて装備し、使用権限をシェアするというものです。また北朝鮮が頻繁にミサイル発射をして周辺を威嚇している現状において、すべてのミサイルを発射してから撃ち落とすのは現実的ではありません。そこで自衛隊が「敵基地攻撃能力」を持つことも検討されています。どちらも日本の反撃能力を高める重要な項目です。にもかかわらず立憲民主党はこの歴史の教訓をまったく顧みず、「軍事力よりも外交力を高めることが重要だ」とまったく的外れな議論をしています。国土と国民を守るためには、「反撃能力」を高め、侵略しようとする相手をひるませなければなりません。またひと時も国家を無防備、無抵抗な状態に置くようなことがないように法整備してもらいたいものです。

10　日米戦の敗因はしっかりとした戦争計画がなかったこと

引きずり込まれた戦争とは言え、戦争目的からそれを達成するための作戦において、海軍の戦争計画の甘さを指摘する意見は多数あります。その中で倉山満氏はその著書『負けるはずがなかった！　大東亜戦争』（アスペクト）の中ではっきりと作戦計画のミスを指摘しています。

これほどの大戦争をするのに、日本は戦争計画がなかったと指摘しています。資源のない日本がアメリカから石油を止められ、資源を求めて始めた戦争であるなら、インドネシアの石油を確保できるシーレーンさえ確保しておけば、ドイツから取った南洋委任統治領を全部捨ててもよかったのです。ニューギニア島は日本列島と同じ長さがありますし、オーストラリア空爆など何のためにしたのか、さらには、この位置にあるガダルカナルを死守したところで、ここまで補給を続けることは現実的ではありませんでした。また、アメリカと戦うにしてもシーレーンの確保という意味でフィリピンを取るのはいいとしましょう。しかし、ハワイ攻撃をやったものだから、余計な戦力を削いでフィリピン全土制圧が遅れています。

しかもさらにハワイを取り戻そうというのがミッドウェイ海戦です。ハワイを奪ってどうしたかったのでしょうか。ハワイを奪えば、当然のごとくカリフォルニアから激しい反撃が予想されます。珊瑚礁海戦（オーストラリア東部の海域での戦い）はミッドウェイ海戦と並んで日米戦の転機になった戦いです。戦艦同士がぶつからず、空母から飛び立った航空機同士の戦いになりました。戦術的には日本の勝利、戦略的にはオーストラリアを守り切ったアメリカの勝利です。しかしながら、何のための作戦だったのでしょうか。オーストラリアを占領したかったのでしょうか。東条英機に戦争設計がなく、どうやって終わらせるかをまったく考えていないのです。シンガポールを攻略した瞬間に武藤章軍務局長が和議を提案すると、東条は彼を左遷してしまいました。どうやってこの戦争を収拾するつもりだったのか、そのことがまったく頭にない。陸軍次官としては最強でも、戦争指導者としては最悪でした。

どこまでやったら戦争を終わらせるか、泥沼化したベトナム戦争を見ても、現在のロシア・ウクライナ紛争を見ても、戦争をやっている最中に戦争の終結を考えることは非常に難しいことがわかります。その点、国運を賭けて戦った日露戦争は戦争の終わり方は非常に明確でした。シベリア内部まで日本軍がロシアを追いかけていたら、戦闘が泥沼化して敗北していたでしょう。シンガポールを落とした時点で、勝って有利な立場で戦争を終わらせるという意見を出した武藤軍務局長の考えはすばらしかったと思います。植民地を潰された欧米諸国が講和に応じてくれたかどうかは別にして、この時点で講和のための話し合いができなかったことは残念でした。

11　日本は侵略国家ではないと主張する国々

戦後は敗戦国の日本は「侵略国家」であるとのレッテルが貼られ、アジア諸国もそれを認めないと、西欧諸国との付き合いができませんでした。しかし、それにもかかわらず、日本の正しさを世界に訴えてくれる国もありました。高山正之氏が『変見自在　バイデンは赤い』(新潮社)の中で、セイロン(現スリランカ)もそんな国のひとつだったと言っています。

スリランカに住むシンハラ人のジュニウス少年は、15歳の時、首都コロンボで日本の戦艦「香取」を見ました。ジュニウス少年は有色人種国家の日本が白人大国ロシアと戦い、対馬沖でロシア艦隊をことごとく沈めてしまったことを聞きました。第一次世界大戦では日本海軍は地中海まで出ていってドイツのUボートから連合国艦隊を守りました。その日本が第一次世界大戦後のパリ講和会議で「人種差別撤廃」を提案しましたが、世界を仕切る白人国家に却下されました。それから第二次世界大戦が始まり、インド洋で戦う日本軍を見ることになりました。

まず真珠湾ではアメリカの太平洋艦隊の戦艦を大破し、マレー沖ではイギリスの戦艦プリンス・オブ・ウェールズを沈めました。日本は数年間で東南アジアの国々の独立支援をし、統一した母国語を持たせ、軍隊創設の支援をしました。日本軍はその後、インド解放にも協力し、インパール作戦を行ないましたが、コヒマで反撃を受け、敗北しました。

戦後の1951年9月6日、サンフランシスコのオペラハウスで対日講和会議が開かれ、そこに戦前まで白人国家の植民地だったインドネシア、ベトナム、セイロン、カンボジアが招かれていました。アメリカ国務長官ジョン・ダレスが基調演説として、「日本は他国民の希望を暴力で押しつぶして敗れ去った」と述べた後、各国代表が短いスピーチをして講和条約に署名をしました。

しかし8番目に登壇したセイロン代表ジュニウス・ジャヤワルダナはダレス演説を否定した。

「アジア諸国民が植民地だった時代、日本だけが強力かつ自由で、我々は我々を解放する守護者として仰ぎ見ていた。日本が掲げたアジア共栄のスローガンは我々に強く訴えるものがあった。戦争が始まると各国の指導者は祖国の解放を望んで日本に協力した」

「だから」と少年時代の感動を裏切らなかった日本に感動しながら続けた。「我が国は対日賠償請求権を放棄する」

エジプト代表もダレス演説に逆らい、日本に米占領軍がいまだに駐留する理不尽を厳しく批判した。

（『変見自在　バイデンは赤い』高山正之著：新潮社より）

有利な条件で戦争を終わらせることができず、本土に原爆と空襲の大打撃を受け、軍事的には敗北し、国土を破壊された日本でしたが、この章で見てきたように日本がアジアの国々でやったこと、与えた影響は誇っていいことなのではないかと思います。戦争直後は植民地から解放されて独立した国々も経済的には欧米諸国と付き合っていかなければならない状況から、表立って日本を擁護したり、感謝を述べることができなかった国もありました。しかし、私たちは日本人として20世紀にしでかしたことは、国内では語り継ぎ、決して忘れるべきではないと思います。

12 硫黄島の戦いの後で（お互いを讃え合う慰霊祭）

最初は「平和なアメリカに突然牙をむいて襲ってきた有色人種国家の日本」を激しく憎み、戦争当初、アメリカ兵は日本人兵士に対して敬意のかけらもありませんでした。しかし、戦争が長期化し圧倒的に不利な状況にもかかわらず、巧みな作戦によってアメリカ軍を苦しめ、最後まで粘り強く戦い続ける日本兵を讃える気持ちが高まったのが硫黄島の戦いでした。この硫黄島は日本とアメリカ両国にとって戦略的に非常に重要な島でした。

日本はここを取られたら本土を簡単に攻撃されるようになり、敗戦が決定的となるため、絶対に死守したい島でした。

日本軍は、守備隊長の栗林中将の作戦で地下壕に潜り、ゲリラ戦を仕掛けて粘り強く戦いました。アメリカ軍も精神的にかなり追い詰められた戦いとなり、お互いに死闘を尽くして戦った相手をリスペクトし合う気持ちも高まったようです。この戦いで亡くなった両国の兵士たちのために、毎年3月に日米合同の慰霊祭が硫黄島で開かれています。アメリカ、ルーズベルト政権は日本を立ち上がれないほど叩いて、植民地並みに統治するつもりだったのではないかと思われますが、日本軍と直接相対したアメリカ軍の兵士の人たちは、日本の兵士ひとり一人が必死に自国を守ろうと戦う姿にリスペクトする気持ちが高まっていったのではないかと感じます。

硫黄島の戦いで生き残った日本兵はごくわずかでしたが、多くのアメリカ兵もそこで殺されました。その激しい戦いを生き残った兵士の方々が、敵味方の区別をなくして日本人への敬意を込めて、合同慰霊祭を開いているそうです。その時にやってくるアメリカの将兵は生き残った本人、その家族もすべてアメリカ政府が費用を負担してやってきています。国のために戦った人たちを国が支援するのは世界の常識です。ところが、日本側から出席する生き残りの方々とその家族は、すべて自費で参加するのだそうです。最近になって自衛隊が飛行機を出してくれるようになったそうですが、その他の費用は一切、ご自分で出されているようです。

日本人にとって戦争の記憶としては、本土への大空襲や原爆投下、沖縄戦などですが、日本の領土を初めて奪われた硫黄島での激戦は忘れ去られていました。しかし、２００６年（平成18年）にアメリカ人のクリント・イーストウッド監督が、硫黄島の戦いを題材にした映画をつくりました。『父親たちの星条旗』という映画と、さらに日本人の視点から『硫黄島からの手紙』というもう一本の映画を作成し、硫黄島の激戦を思い出させてくれました。初めて日本の領土を奪ったことを示す硫黄島の摺鉢山に星条旗を立てたシーンはアーリントン墓地（戦没者慰霊施設）にも銅像が建てられており、アメリカ人にとっては有名なシーンです。しかし、その有名なシーンの立役者である英雄たちだけでなく、硫黄島の戦いではそこで戦った日本兵も同じく「英雄」だったんだと言って、もう一本映画を作ることにしたと言います。アメリカでこのような映画が作られることは非常に珍しいと思いますが、日本人の我々が見ても非常によくできた映画で、我々に硫黄島での激戦のことを思い出させてくれた映画でした。

参議院議員の青山繁晴氏は、硫黄島を含む小笠原諸島はまぎれもなく日本の領土ですので、外国との交渉なしでそこに眠る兵士の方々の遺骨収集はできるはずなのに、未だに十分になされていない、と指摘します。青山氏によると、およそ１万１０００以上の方々の遺骨が取り残されている状態なのだそうです。

硫黄島のご遺骨収集には概算で４００億円から５００億円かかります。

ご遺骨を閉じ込めているひとつが、これまでお話ししたように滑走路です。（中略）硫黄島にはまだ広い土地がありますから、そこに新たにまず基地をつくらないといけない。

本当は滑走路の下だけでなく、岩陰にも草の下にもたくさんの英霊がいらっしゃいます。その英霊の方々のご遺骨を丁寧に拾い集めて、全部これできれいに取り尽くしたということを充分に確認したうえで初めて工事に入れます。そしてそこに新たに滑走路を敷き、新しい建物を建てて、海上自衛官も航空自衛官も全員が移って、やっと現在の滑走路を引き剥がすことができるのです。

だからすべてを合わせると、時間にしてだいたい10年間、費用は４００億円から５００億円はかかります。

（『ぼくらの死生観――英霊の渇く島に問う――新書版　死ぬ理由、生きる理由』青山繁晴著：ワニブックスより）

青山氏は防衛庁に直談判し、２００６年（平成18年）12月に硫黄島を歩いて調査しました。その上で当時、首相だった安倍晋三氏に硫黄島での遺骨収集について提案しました。

その後、安倍一次政権は倒れてしまいましたが、第二次政権が発足すると硫黄島の本格的な調査が行われ、安倍首相（当時）は遺骨収集に意欲を見せていました。しかし、実際に遺骨収集作業が実施される前にコロナ禍もあり、安倍政権が終了してしまい、さらに安倍元首相暗殺という大惨事が起こってしまいました。年齢的には第三次安倍政権の可能性もあり、そうなれば遺骨収集にも前向きに取り組んでいただけたのではないかと思うと、非常に残念でした。硫黄島に眠る兵士の方々は現在の日本の守護霊のような存在だと思います。一刻も早く遺骨収集が実現されることを願っています。

13　平成天皇の硫黄島ご巡幸

昭和天皇も戦後、分断の危機にあった日本国内を精力的にご巡幸され、日本国民を励まされ、日本の国の危機を救いました。その後を継いだ平成天皇も戦後初めて即位される天皇として非常に注目されましたが、昭和天皇の御遺志を継がれ、国民に寄り添うご巡幸を続けられました。そのご巡幸で、国民と直接お会いになり、戦争で亡くなった人たちは、生き残った遺族の人たちに向き合ってこられました。そしてその人たちの苦労に向かい合い、苦しみや悲しみの話を静かにひたすら聞き、その遺族の方々の思いを受け止めるのだそうです。

江崎道朗氏が『天皇家 百五十年の戦い［１８６８-２０１９］日本分裂を防いだ「象徴の力」』（ビジネス社）の中で１９９４年（平成６年）２月、平成天皇・皇后が硫黄島を訪れた時のことを述べています。

この時天皇は、「精魂を、込め戦ひし、人未だ、地下に眠りて、島は悲しき」という御製を詠み、「硫黄島における戦いは大洋に浮かぶ孤島の戦いであり、地熱や水不足などの厳しい環境条件が加わり、筆舌に尽くしがたいものでありました。この島で日本軍約２万人が玉砕し、米軍の戦死者も約７千人という多数に上りました。このたびこの島を訪問し、祖国のために精魂こめて戦った人々のことを思い、また遺族のことを考え深い悲しみを覚えます。今日の日本がこのような多くの犠牲の上に築かれたものであることに深く思いを致したく思います。鎮魂の碑の正面に立つ摺鉢山は忘れがたいものでありました」とのお言葉を述べられました。（平成6年2月、硫黄島訪問の折のお言葉）

この当時は、連立政権で細川内閣が成立し、自民党が下野した政治的にも非常に不安定な時期でした。細川首相は歴史認識が浅く、１９９３年（平成５年）８月10日の記者会見で、「先の戦争（大東亜戦争）は侵略戦争であり、間違った戦争であったと認識している」

と語りました。日本の首相として初めて「侵略戦争」と明言しました。日本は侵略国家であり、戦争の遺族は侵略者の子どもであり、妻である、とレッテルを貼ったに等しい発言でした。平成天皇・皇后の硫黄島訪問は、この発言の半年後のことでした。

平成天皇も、昭和天皇と同様に、戦争で戦った兵士の人たちは日本を守るために命をかけてくれた人たちであるという認識を強く持っていました。そして終戦50年となる1995年（平成7年）の7月末から8月初めにかけて、平成天皇の強いご希望によって「慰霊の旅」が行われました。戦争の慰霊碑を一つひとつご参拝になり、被爆者や戦争遺族一人一人と話をされました。さらにこの年の8月には、日本遺族会で歌を詠まれ、それを自ら書いて遺族の方に渡されました。

この終戦50年（1995年）には社会党の村山富市首相が「謝罪決議」を出そうとする動きがありました。これに対して5百万名もの反対署名が集まり、国会議員も「終戦50周年国会議員連盟」を結成して決議反対を表明しました。しかし、自民・社会・さきがけの三党連立政権は、ただ政権を手放したくないという理由で、この「謝罪決議」を断行し、戦没者や遺族の方々の思いを犠牲にしました。日本のために命を投げうって戦い亡くなっていった方々の気持ちを踏みにじる愚かな決議であったと言わざるを得ません。平成天皇・皇后はこの政府の動きを危機的な状況であると認識され、「慰霊の旅」に踏み切られたのでした。

第6章

ヨーロッパの戦争はドイツが始めたのか

第二次世界大戦はまず、ヨーロッパで始まりました。１９３９年9月、ナチス・ドイツがポーランドに侵攻して始まったとされています。しかし、ドイツが米英ソと対立していく経過は非常に不可解な点が多くあります。イギリスがドイツと戦うためにはアメリカの協力が必要だと要請し、アメリカはドイツと戦うため、三国同盟でドイツと結びついている日本を追い込んで戦争を始めさせようと画策しました。しかし、ドイツがポーランド侵攻に踏み切る経緯を改めて見直すと、現在、ウクライナに侵攻するロシアと重なって見えます。少し時間を戻して、ドイツが第二次世界大戦に突入していく経緯を見直してみましょう。

1　ドイツの世界恐慌からの経済復興

アメリカは日本との戦争を開始すると同時に、ヨーロッパ戦線に兵士を送り込み、ドイツとの戦争に参戦します。ではヨーロッパのドイツはなぜ第二次世界大戦のきっかけとなる戦闘行為を始めたのでしょうか。我々60歳の年代は「ドイツが世界制覇を狙い戦争を始めた。そのドイツの勢いに感動した日本が勝ち馬に乗るために同盟を結んだ」というようなことを習った記憶がありますが、現実はドイツも戦争に引きずり込まれた、というほうが正しいようです。

イギリスのチャーチルはイギリスだけではドイツとの戦争に勝てないことがわかっていたので、アメリカを巻き込むための画策をしました。しかし、そもそもドイツはイギリスやフランスと戦争をしたかったのでしょうか。この当時の世界情勢は１９２９年から始まった世界大恐慌で、経済が大混乱しているところでした。その影響を一番受けて最も悲惨な状態にあったのがドイツであり、そのドイツの経済復興を導き、支持を勝ち取っていったのがヒトラー率いるナチス党でした。

世界恐慌の影響をもろに受けて生活が破壊されていくドイツの中で、１９３３年1月に政権を握ったヒトラーは経済復興の第一の問題として注目したのが失業問題でした。ヒトラーはその対策として国民に車を持たせること、車が走るための環境を整備することで経済を引き上げることを画策しました。

こうしてヒトラーは「国民のための車（フォルクスワーゲン）」の製造計画を推進していくわけだが、これと同時にヒトラー政権は、自動車産業に有利な政策を推し進め、道路修復、道路建設プロジェクトのために莫大な助成金を与えていった。自動車税は廃止され、道路、運河、橋梁、そしてアウトバーンの大規模な建設計画が開始されたのである。
（『アメリカはなぜヒトラーを必要としたのか』菅原出著：草思社より）

ヒトラーは自動車の所有を一般大衆に広げ輸送に使い、自動車のための道路を建設することでドイツ経済を回復させていきました。また社会不安に乗じて共産主義が蔓延していくことを危惧していたイギリス政界もこの動きを歓迎しました。１９３５年には英独海軍条約が結ばれ、ドイツが海軍を持つことを正式に認めました。さらに世界恐慌で投資先をなくしていたアメリカ財界もドイツ経済の復興を歓迎し、ドイツ企業への投資を拡大していきました。

2　ドイツの領土拡張は第一次世界大戦後に分割された領土を取り戻すためだった

ドイツの周辺国への領土拡大の動きは、結果から見るとドイツが周りの国々を武力で強引に侵攻し、併合していったというイメージがありますが、この時期は世界的に大恐慌の影響で経済不況を克服できていない国の方が多かった時代でした。アメリカの支援を受けて真っ先に経済不況を脱したドイツと一緒になれば、自分たちの経済も助かると考えた国も少なくありません。第一次世界大戦後の処理でドイツ系住民が多く住む地域ではドイツに復帰することを望む住民が多かったことは事実です。

１９３８年、オーストリア併合の時、オーストリア国民は経済復興を成し遂げたドイツとの併合を歓迎しました。その後、第一次世界大戦後、強引に領土を割譲され、ドイツ系の少数住民が多く住むチェコスロバキアのズデーテン地方に狙いを定めました。チェコスロバキアは当時、フランス、ソ連と安全保障条約を結んでいたため、ヒトラーが武力進出すると、戦争を引き起こす可能性がありました。そこで１９３８年9月、英仏独伊の各国首脳がドイツのミュンヘンに集まり、この会談により、ズデーテン地方をドイツに割譲することが決められました（ミュンヘン協定）。

第一次大戦後のパリ講和会議では敗戦国ドイツに過酷な条件を突きつけ、ドイツの領土だった地域も切り取られていました。そしてナチス党率いるドイツはその圧倒的な経済力を武器に、その時失ったドイツ系住民の多く住む地域をドイツ領に回復しようとしていました。そして最後にポーランドに対しても、ドイツはあくまで外交交渉で決着をつけようとしました。しかしそのドイツに対してポーランドは頑なに交渉を拒否してしまいます。

ドイツの領土拡大は軍事力を行使した強引なものではなく、むしろドイツの経済力を歓迎するドイツ系住民の意向によるものでした。さらにドイツは、当時は世界覇権を持つイギリスとは戦争にならないよう、慎重に交渉を進めていました。ドイツ政府は8月25日、ネヴィル・ヘンダーソン駐ベルリン英国大使に接触し、ドイツの要求はダンツィヒの回復とポーランド回廊問題の解決で十分であると伝えました。

バルト海に臨む港湾都市ダンツィヒは、住民の9割がドイツ人であり、ポーランドに使用権がありましたが、国際連盟の管理下にあった国際都市でした。このダンツィヒをドイツが取り戻したいというのはそれほど無茶な要求ではありません。その他は、ドイツからポーランドに割譲されたポーランド回廊におけるハイウェイと鉄道の建設の要求でした。ドイツの飛び地である東プロシアとドイツ本土の間に位置する回廊における両者を結ぶ輸送路の建設であり、ポーランド回廊自体のドイツへの返還ではなかったのだと、渡辺惣樹氏がその著書『誰が第二次世界大戦を起こしたのか：フーバー大統領「裏切られた自由」を読み解く』（草思社）で述べています。

馬渕睦夫氏の『ウクライナ紛争　歴史は繰り返す　戦争と革命を仕組んだのは誰だ』（ワック）によると、ドイツから出された要求はいずれもポーランドが呑めないような無茶なものはありませんでした。しかし、ポーランドは最後まで妥協しなかったのです。それはイギリスとフランスがポーランドの安全を保障していたからです。つまり、ポーランドがヒトラーから侵略されれば、イギリスとフランスはポーランド側に立ってヒトラーと戦うといういわば白紙委任状でした。ポーランドはこのイギリスとフランスの独立保証を基に、ヒトラーに対し不相応な強硬姿勢を取ったのです。武力を使わない形でベルサイユ体制のゆがみを解消することを目指してきたドイツでしたが、ここにきてイギリスが態度を変え、ポーランドにドイツの要求を強硬にはねつけるよう要請しました。

3　ドイツを挑発していたポーランド

ドイツの経済力と軍事力を考えれば、ポーランドはそれに立ち向かえるだけの力はまったくありませんでした。しかし、イギリスとフランスに加えてアメリカからも応援があり、ドイツの要求を拒否して戦闘が始まれば、必ず支援するとの約束を得ていました。さらにこれらの国々の後押しを得て、ポーランドはドイツを挑発する行動にでます。ポーランド回廊のドイツ系住民が迫害・虐殺されました。約6万人のドイツ系住民がポーランド軍などによって惨殺されました。これがヒトラーにポーランド侵攻を決断させるきっかけとなりました。自国民保護という国際法上の大義名分のために、ドイツはポーランドに侵攻しました（1939年9月1日）。

4　独ソ不可侵条約（ポーランド分割の密約）

2022年のロシア軍のウクライナ侵攻の前に、東部ドネツク州ではウクライナ軍（アゾフ大隊）によるロシア系住民の迫害、虐殺があったとされていますが、この第二次世界大戦の直前にもよく似た現象が起きていたということです。このドイツによるポーランド侵攻の直前にドイツとソ連の間で「独ソ不可侵条約」が結ばれました。

イギリスやフランスとの戦争を回避したいヒトラーは、イギリスの暗黙の了解のもとで、オーストリアとズデーテンラント併合、チェコスロバキア解体とスロバキアの傀儡化を行いました。しかしポーランドに対して、イギリスは突然、態度を硬化させてきました。ヒトラーがポーランドに対する要求を強行しようとすれば、イギリスやフランスと戦争することになります。そこでヒトラーは二正面での戦闘を避けるために、スターリンと協定を結び、東部戦線での戦闘を回避する必要が出てきました。

ロシア（ソ連）も第一次世界大戦期には膨大な領土を失っており、旧領土の回復というドイツと同様の強い潜在的欲望がありました。バルト三国もポーランド東部も旧ロシア領でしたが、ウィルソン大統領の民族自決の掛け声で独立していました。対独戦にソ連を巻き込みたいイギリスとフランスはスターリンとの交渉を呼びかけましたが、その交渉は決裂しました。スターリンはイギリスに、ロシアの旧領土を含むフィンランド、エストニア、ラトヴィア、リトアニア、東プロシア、ベッサラビア、ブコビナ（現ウクライナおよびルーマニアをまたぐ地域）の併合を認めるよう迫りました。イギリスとフランスの両国は、第一次大戦後に独立を果たしたこれらの国々の思いを裏切ってソ連の要求を容認することはできませんでした。

5　ポーランドの独立保証の約束を無視したイギリスとフランス

犬猿の仲だったドイツとソ連が突然、1939年8月になって「独ソ不可侵条約」を締結しました。ドイツとしては、第一次世界大戦後に割譲された領土を回復し、ポーランドを煽り戦争を仕掛けようとするイギリスとフランスに対して、二正面戦争になることを避けるため、一時的にソ連と和解しようとするものでした。一方のソ連にとっても、失地を回復するとともに、満洲に居座る日本軍を警戒して西側を落ち着かせたい意図があったようです。

ドイツがポーランドに対してダンチヒとポーランド回廊問題を交渉している時、ソ連は日本とノモンハンで紛争を起こしていました。ノモンハン事件とはホロンバイル草原で起きた満洲とモンゴルとの国境紛争でした。１９３９年5月半ばに満洲国とソ連の衛星国であったモンゴル人民共和国の間で起きた紛争は、それぞれの国を支援する日本とソ連の本格的な戦いに拡大していました。このノモンハンで、8月20日から始まったソ連軍の大攻勢を日本が必死に防いでいた時期に、独ソ不可侵条約が締結されました。日独防共協定（１９３６年11月調印）によってソ連は日本とドイツにとって共通の敵のはずでしたが、独ソ不可侵条約締結の知らせは、日本にとってはまったくの寝耳に水でした。

スターリンは領土回復のほかに、ドイツとの不可侵条約を締結することで、日本にゆさぶりをかけ、極東方面での日本との緊張関係を緩和させたいという期待がありました。スターリンの思惑通り、独ソ不可侵条約締結5日後に平沼内閣は退陣しました（１９３９年8月28日）。そしてその後の阿倍信行内閣は、9月9日に東郷茂徳駐ソ大使に停戦を提議させ、15日にはノモンハン事件の停戦協定を成立させせました。そして、この東側での停戦協定を受けて、その2日後（9月17日）に、スターリンはポーランドに侵攻しました。ドイツにわずかばかり遅れてポーランドに侵攻したソ連に対して、イギリスもフランスも宣戦布告はしませんでした。ドイツと同様、ソ連もポーランドの独立を奪いましたが、イギリスもフランスもポーランドの独立保障の約束を守りませんでした。

イギリスとフランスに見殺しにされたポーランドはこの時点で国が消滅してしまいました。1939年9月にポーランドに侵攻し、ソ連とポーランドを分割したドイツは、翌年、1940年4月9日、デンマークとノルウェイへと侵攻しました。ドイツ軍の勢いは衰えず、5月には両国を占領し、そのままオランダとベルギー、それにルクセンブルクをも支配下に治めました。そして5月の終わりまでに、フランスも軍事的敗北の瀬戸際にまで追い詰められ、残るはイギリスのみ、孤立無援でドイツ軍の脅威にさらされることになりました。しかしドイツの装甲部隊があと2日で（フランスの）ダンケルクに到達するという5月24日、ヒトラーは装甲部隊の進撃を停止する命令を出しました。そのまま攻め込めば、あと一歩でイギリスの遠征軍を一掃できる拠点まで迫っていたところでした。

その間にイギリスのチャーチル首相は、イギリス海外派遣軍とフランス軍からなる約35万人をダンケルクから救出することを命じ、イギリス国内から軍艦の他に民間の漁船やヨット、はしけを含む、あらゆる船舶を総動員した撤退作戦（作戦名：ダイナモ作戦）が発動されました。そして数十万の兵士が兵器を置いてほぼ丸腰で帰還することになり、イギリス軍は深刻な兵器不足となりました。しかしながら、この撤退作戦で、イギリスにとっては兵士の不足という深刻な事態は免れることになりました。

しかし、なぜこのときヒトラーが進撃停止命令を出したかは、第二次世界大戦の謎の一つでした。考えられることとして、「ヒトラーがイギリスとの和平を求めていた」というものがあります。実際、ドイツ軍の快進撃を前にしてイギリス側にも敗北感が漂い、政権内部にすらヒトラーとの和平を求める声が上がっていたと言われています。

6　英仏とは戦いたくなかったナチス・ドイツ

この時、ドイツがイギリス軍を叩いておけば、その後の戦局は変わったかもしれません。しかし、ドイツはあくまでもイギリスとの和平を探ります。このころ、イギリスの敗北は濃厚であり、ドイツとの和解を探ることの是非が、国内では真剣に議論されていました。すでに中立の立場をかなぐり捨てて対英軍事支援を強化していたアメリカのルーズベルト政権内部からも、軍事支援を中止すべきだとする声が高まっていました。しかし、渡辺惣樹氏は、その和平のチャンスを握りつぶしたのは、イギリスのチャーチルであったと『太平洋戦争の新常識』（ＰＨＰ研究所）の第4章「日中戦争が日米戦争の原因ではなかった」の中で述べています。

ダンケルクの戦いの少し前、ヒトラーはイギリスとの休戦を求めて、ナチス副総裁のルドルフ・ヘスをイギリスに送り込んでいました。１９４1年5月10日、アウクスブルクの町から一機の双発機（メッサーシュミットＢｆ１１０）が、ヘスを乗せて飛び立ち、イギリス、スコットランドのグラスゴーを目指しました。その日の夜半、ヘスはグラスゴーの南にある農村にパラシュート降下しました。ヘスはスコットランドで、ハミルトン公（英国空軍准将：スコットランド防空担当）に会い、彼を通じて英国王ジョージ6世との謁見を実現させたかったのです。ハミルトン公は対独宥和派の有力者であり、国王にも近い立場だったからです。国王を説得し、ドイツとの戦争に前のめりで頑迷なチャーチルの姿勢を改めさせ、暫定休戦に持ち込みたいと考えていました。

ヘスは着地の際に足をくじき身動きが取れなくなっているところを、そこに住む農夫に発見されました。知らせを受けたハミルトン公は、仮設病院に運ばれていたヘスに会いました。ヘスはハミルトン公に思いを伝えることはできたが、国王に会うことはかないませんでした。チャーチルは、ヘスを厳重な監視下に置いただけで、けっして会おうとしませんでした。

　終戦まで監禁されたヘスはニュルンベルク裁判で終身刑となり、ドイツ、ベルリンのシュパンダウ刑務所に収監されていたが、１９８７年8月17日、93歳のヘスは刑務所内の庭に設けられていた避暑用のキャビンにおいて電気コードで首を吊り死亡した、とされています。しかし、東西冷戦が終わろうとするこの時期、当時のソ連書記長のゴルバチョフがヘスの釈放に前向きだったため、ヘスが秘密を公開することを恐れたイギリス情報部が暗殺したという説が有力視されています。なお、最後の囚人であった彼の死をもってシュパンダウ刑務所は閉鎖されました。

7　ドイツと戦いたかったのはイギリスのチャーチルだった

　ドイツ側はこれほどイギリスとの和平を望んでいたのに、イギリスのチャーチルはこれを拒み、ドイツとの戦争に前のめりになっていきます。そしてアメリカを巻き込むために大々的な世論工作まで展開します。その一つとして、ウィリアム・スティーブンソン、暗号名で〝イントレピット〟と呼ばれたカナダ生まれの紳士を、アメリカ合衆国に送り込みました。イントレビットは1940年6月21日、ニューヨーク港に到着してから、『アメリカを参戦させる』という究極の目的のために、あらゆる活動を展開していくことになります。そしてその活動を全面的にサポートしてくれたのが、ルーズベルト大統領でした。ルーズベルト大統領は強硬な反ナチス思想の持ち主で、イギリスを助けるためにできるかぎりの援助をしたいと考えていました。

1940年当時、ヨーロッパではすでにドイツ軍が快進撃を続けていましたが、アメリカ世論は「ヨーロッパの戦争に巻き込まれたくない」というものでした。この世論を変えるため、イントレビットはメディア関係の人々と親密な関係を築き、ナチス・ドイツの残虐性を宣伝して、そのドイツと戦うイギリスを助けよう、という風潮を創り出そうとしました。「いかにナチスが占領地で残虐であったか」「ナチスが教会や修道院を破壊している」といったニュースも多数流し続けたそうです。こうしたニュースの中にはまったくのプロパガンダで、初めからイギリスの情報機関によってねつ造されたものも多く含まれていたようです。

こうしてアメリカの世論を「反ナチス・ドイツ」にあおったところで、ルーズベルト政権はそのドイツの同盟国、日本を挑発し、真珠湾攻撃に誘い出しました。有色人種の国、日本が、アメリカの領土であり、太平洋艦隊の拠点であるパール・ハーバーをだまし討ちしたということで、アメリカ世論は一気に参戦へと変わっていきました。第二次世界大戦を引き起こしたのは、ドイツ、日本なのでしょうか。

8　日本とドイツは世界大戦へと誘いだされた

ルーズベルト大統領は第一次世界大戦で戦争に嫌気がさした国民に対し「絶対にアメリカの若者を戦場に送らない」と約束して大統領になった人です。しかし世界大恐慌で経済はボロボロになり、教科書では成功したと書いてある「ニューディール政策」も実際には失敗し、アメリカ経済を復活させるにはイギリスやフランスがドイツと戦争を始め、アメリカが武器を売りまくって儲けるしかない、と考え、また、大量の失業者を兵士に仕立ててヨーロッパの戦場に送り込むことも画策したと考えられます。

さらには当時の国際情勢もアメリカ参戦を後押ししました。ドイツとの戦いで圧倒されているイギリスとソ連、そして中国大陸で日本軍に圧倒されていた蔣介石軍も、アメリカが立ち上がり、参戦することを熱望し、アメリカのルーズベルト大統領に懇願していました。ルーズベルト政権は、国民に隠れて密かにドイツを刺激しますが、ルーズベルトの思惑がわかっているヒトラーはその挑発には乗りません。手詰まりになったルーズベルトはドイツと同盟を結んでいる日本に焦点を絞り、日本への挑発をエスカレートさせ、戦争に引き込むことに成功しました。

渡辺惣樹氏の『誰が第二次世界大戦を起こしたのか：フーバー大統領『裏切られた自由』を読み解く』（草思社）によると、アメリカのルーズベルト政権は日本を徹底的に敵視する外交を進めていました。１９３９年7月には日米通商航海条約の破棄を通告し、条約は翌１９４０年1月に失効しました。同年8月にはオクタン価の高い航空燃料を、9月にはくず鉄を禁輸しました。１９４１年6月には石油製品そのものが許可制となり、7月には日本の在米資産を凍結しました。そして8月には石油製品が全面禁輸となりました。このような経済制裁は、ルーズベルト政権が日本に対してしかけた戦争行為そのものであったことは、現代の歴史家、特に軍関係者の間では常識になっているといいます。

日本の真珠湾攻撃を「だまし撃ち」であるとして、国民を戦争に煽り立て参戦したルーズベルト政権ですが、日本の真珠湾攻撃のはるか前から「経済制裁」という対日戦争行為を行なっていたことが判明しています。そのようなアメリカ側の挑発も日本にとって最後通牒となるハル・ノートの存在も、アメリカ参戦当時には国民に知らされていませんでした。「アメリカ国民を二度と戦場に送らない」という公約で大統領選挙4選を許したアメリカ国民は、ルーズベルト政権から「だまし撃ち」をくらったということになるでしょう。

第一次世界大戦まで世界の覇権を握っていたのは大英帝国ことイギリスでした。第一次大戦でドイツを叩きのめし、莫大な賠償金をふっかけて、ほとんど再起不能な状態に追い詰めましたが、アメリカの産業界の支援もあり、ドイツ経済は復興していきます。1929年には世界大恐慌があり、ドイツはもろにその影響を受けて、経済不況に苦しみますが、その経済不況の中からナチス党がのし上がり、ヒトラーの手腕でいち早く世界恐慌を脱します。イギリスのチャーチルはドイツにイギリスの覇権が脅かされるとでも思ったのでしょうか。

第二次世界大戦の結果、アジアの大英帝国は日本に叩き出され、戦後、各地で独立戦争が起こり、大英帝国は没落してしまいます。見方によっては、大英帝国の世界覇権をアメリカに売り飛ばしたのがチャーチルであるとも言えます。さらにアメリカに対抗するように世界の半分を共産主義に取り込んだのがソ連のスターリンでした。第二次世界大戦が勃発する前、この共産主義の大国、ソ連を警戒して、東西で協力して共産主義革命を閉じ込めようと日独で結んだ協定が日独防共協定でした（1936年11月25日締結）。ドイツと日本を叩き潰すための第二次世界大戦とは、もしかして、世界に共産主義を広めるための戦争だったのでしょうか。大戦後はソ連だけでなく、北朝鮮から中国を含め、東アジアから東欧諸国までユーラシア大陸の巨大な範囲が共産主義圏となりました。そしてこの共産主義圏内で起こった悲惨な出来事の数々が、今になってようやく少しずつ明らかにされているところです。

9　ソ連の侵攻（樺太）

東ヨーロッパでもドイツ敗戦後は、ソ連の勢力に呑み込まれて悲惨な状態になりましたが、日本でも、終戦時のどさくさにまぎれて次のような痛ましい事件が起きました。日露戦争以後、南樺太と千島列島は日本領ということが決定し、日本の人たちが漁業を中心に生計を立てて生活していました。しかし、第二次世界大戦末期、そして終戦後にもその地にソ連軍が襲い掛かりました。8月9日に満洲へと侵攻したのに続き、8月11日、占守島に先立ち、南樺太へと侵攻しました。樺太には40万人ほど民間人が居住していたそうです。日本軍の守備隊は民間人を避難させながらソ連軍と戦いましたが、残念ながら4千人もの人々が犠牲となりました。

樺太では、「女性たちの集団自決」という痛ましい出来事も起こりました。『太平洋戦争の新常識』(PHP研究所)の中の早坂隆氏による第11章「終戦後に始まった占守島と樺太の戦いとは何だったのか」によると、真岡郵便電信局では電話交換手のうち、9名が局内で服毒自殺を遂げたのです。8月15日には玉音放送が流れ、日本は世界に向けて戦闘行為の終了を宣言しましたが、ソ連はそれを無視して侵攻してきました。樺太に残っている日本人、特に女子供を本土に疎開させなければなりませんでした。そこで本土に向けて輸送船を出すのですが、この輸送に欠かせなかったのが、本土との通信確保であり、その電話回線の接続業務を行なっていたのが、郵便局の若い女性たちでした。

電話交換士の中で、郵便局に残り、電話回線交換業務を続けてくれる人材を募ったところ、当初は全員が手を上げ、連絡船での疎開を助けたいと言い出しましたが、最終的に20名が選ばれ、残ることになりました。8月20日、真岡付近にソ連の軍艦が迫り、いきなり艦砲射撃を始めました。続いてソ連兵が真岡町に上陸し始めました。ソ連の攻撃が始まっても、1時間以上郵便局の電話交換手は業務を続けていましたが、ついに本館が吹き飛ばされ、中にいた人は全員死亡しました。別館にいた11名だけが取り残されましたが、もはやこれまでと本土に向けて最後のメッセージを送った後、青酸カリを服毒して自殺しました。

さらに樺太・恵須取《えすとる》町でも大平炭鉱病院看護婦の集団自決がありました。8月16日から恵須取町にソ連軍の空襲が始まり、被害者がぞくぞくと病院に運ばれてきました。ソ連軍が迫る中、看護婦たちはギリギリまで看護活動を続けたといいます。そして逃げ遅れた彼女たちは、「ソ連兵に見つかったら何をされるかわからない」と考え、自ら命を絶つ決断をしました。彼女たちは手首を切り、23名のうち６名が命を落としました。

真岡郵便局の電話交換手や大平炭鉱病院の看護婦の方々はなぜ自決を選んだのでしょうか。それは彼女たちがソ連兵のことをよく聞いていて、過去に日本女性がどんなひどい目にあっているかを知っていたからです。１９２０年、アムール川河口のニコラエフスクという港町に居住していた日本人は、ロシア人を主とする共産パルチザンに筆舌に尽くしがたいほどのひどい凌辱を受けたこと（尼港事件）を聞いていました。現代人の我々には理解することが難しいですが、当時の女性たちにとっては、周りの人たちから聞かされていたソ連兵の蛮行には底知れぬ恐怖を感じていたことと思います。

10　ＧＨＱ「極東委員会」による天皇弱体化の政策

日米開戦前、ルーズベルト大統領は日本を３カ月ほどで片づけて、アメリカの主力部隊はドイツを叩くことに専念するつもりでいました。しかし、実際の戦闘ではドイツよりも手ごわい日本がいました。資源もない小さな島国の日本がなぜ、これほど強かったのか、その主因のひとつに日本人の団結力の強さがあったとアメリカは見抜きました。その日本人の団結力の中心が天皇の存在でしたので、日本の牙を抜くために天皇の力を弱体化させなければならないとアメリカは考えました。

ＧＨＱの上部組織である『極東委員会』は、天皇制の廃止を進めようとしていました。

国民が皇室を圧倒的に支持している以上、皇室を支える制度を改悪することを条件に皇室の存続を認めるが、将来的に国民が「天皇制」を廃止するよう奨励するために憲法を定める、と言っているわけである。連合国は、「天皇制」を廃止させるため現行憲法を日本に強要したのである。（中略）弱体化の手段は、大きく分けて三つあった。

第一に、憲法を含む法制度の改変によって、皇室と統治、国家の命運の関係を切り離すこと。

第二に、経済的基盤を奪うことである。皇室財産を取り上げて国会のコントロール下に置き、皇室の自律性を失わせる。

第三に、道徳や宗教性を含む我が国の精神生活の中心としての機能を皇室から奪うことである。

（『天皇家 百五十年の戦い［1868-2019］日本分裂を防いだ「象徴の力」』江崎道朗著：ビジネス社より）

明治帝国憲法では、天皇大権という規定がありましたが、これは天皇の独裁を許すものではなく、内閣や陸海軍の助言によって、「緊急勅令」「外交」「戒厳」「統帥」が行使されることになっていました。これらの規定は、非常事態を想定したもので、終戦時の御聖断のように、国家の存亡がかかった時、最終的に天皇の力を借りられるような仕組みになっていました。

終戦時の皇室は、御料林などを含めると、当時の価値で約37億円の財産を持っていたそうです。このような潤沢な皇室財産があったからこそ、戦前は福祉事業を支えることも可能でしたが、戦後は財産の大半が国庫に入れられたため、福祉事業などを庇護することはできなくなりました。さらには11宮家が臣籍降下させられ、男系男子の皇位継承資格者が大きく減らされることとなりました。国民の厚い信頼を得ている天皇家を一気に潰すことは占領政策に支障をきたす恐れがあり、控えましたが、ＧＨＱは、このようにして天皇家を徐々に弱めていく画策をしました。

また、学校や公的機関から皇室と神道を排除して、国民の精神生活の中心としての機能をはく奪しようとしました。皇室と国民の生活を分離させるために、皇室祭祀と密接に関連していた祝祭日も変更させられました。そして学校での道徳教育も否定されました。GHQのこのような「皇室弱体化政策」に対し、日本政府と昭和天皇は果敢に抵抗され、1946年の元旦には「新日本建設の詔書」が発出されました。通説では、天皇の「神格否定の人間宣言」として知られていますが、昭和天皇の真意はまったく違うところにありました。

後年、昭和天皇は記者に答えて真意を語られています。

それ（五箇条御誓文）が実はあの時の詔勅の一番の目的なんです。神格とかそういうことは二の問題であった。（中略）

民主主義を採用したのは、明治大帝の思し召しである。しかも神に誓われた。そうして「五箇条御誓文」を発して、それがもととなって明治憲法ができたんで、民主主義というものは決して輸入のものではないということを示す必要が大いにあったと思います〈高橋紘・鈴木邦彦編著『陛下、お尋ね申し上げます』文春文庫、傍点筆者〉

（『天皇家 百五十年の戦い［1868-2019］日本分裂を防いだ「象徴の力」』江崎道

朗著：ビジネス社より）

11　日本での「共産主義革命」を阻止した保守自由主義グループ

東ヨーロッパでは戦後、日本とドイツを叩いたソ連の影響が広がり、ポーランドをはじめとする多くの国々が共産主義圏に取り込まれていきました。そして1991年、ソ連が崩壊するまで人々は自由を奪われ、共産主義体制の中で苦しむことになりました。しかし、幸いなことに「共産主義」の脅威を感じ取っていた天皇、そして政権に残っていた保守自由主義グループの吉田茂氏、重光葵氏らによって、日本は「敗戦革命」によって共産主義国となることを免れました。

戦争末期の1945年4月に、アメリカのルーズベルト前大統領は亡くなりますが、その政権の周りに巣くっていた共産党のソ連の工作員たちは、日本の敗戦後、GHQに潜り込んで、日本を共産主義国へと誘導しようと画策しました。日本の政治体制を弱体化させるだけでなく、日本国民を経済的困窮に追い込み、社会不安を煽りました。そのうえで、日本共産党は、労働現場では労働組合を相次いで結成し、大規模な反政府グループを組織していきました。そして食糧危機を背景に大きな組織となった労働組合を日本共産党と左翼勢力が操り、大規模なゼネストが計画されました。この1947年2月の2・1ゼネストは日本国内の内乱の危機に発展しかねないものでした。

共産党と左翼勢力は、このゼネストによって、当時の吉田政権を倒し、共産党と労働組合の幹部による「人民政府」を樹立させる目論見がありました。しかし、この動きに危機感を抱いた吉田政権は、GHQ内の「反共派」と連携して、GHQ幹部にこの危機を訴え、粘り強く説得しました。その結果、ゼネストの前日、1月31日にGHQがゼネストを中止するよう命じ、日本は「敗戦革命」を免れました。

経済的な困窮の中で労働組合に加入した人々の大半は、戦後の焼け野原のなかで、働く場所と適切な賃金を求めて組合に入ったが、共産党の掲げる「敗戦革命」を支持したわけではありませんでした。労働者の賃金の上昇や物価の安定などよりも、「敗戦革命」というイデオロギーを優先しようとする共産党への嫌悪感が広がり、組合員たちは共産党の支持層から抜けていくようになりました。このように一般の労働組合員の気持ちを読み違えた共産党は、労働組合の力を頼らない活動に舵を切ることになります。そして、ソ連からのシベリア抑留からの帰還者を取り込んだり、在日朝鮮人組織と協力するようになります。

日米開戦に関しては日本の参謀本部や政権もかなり作戦ミスや判断ミスがあったことは

事実です。しかしながら、日本が積極的に戦争をしかけたわけではなく、むしろ一生懸命戦争回避の交渉を続けていたため、戦争のための十分な準備ができず、また日露戦争の時のようなきちっとした戦争計画もないまま戦争に突入してしまいました。広い太平洋の島々を防衛するのはかなり無理があるにもかかわらず、戦域を広げてしまって、主力艦船をことごとく失ってしまった海軍は、日本の本土を防衛するという意味では大きな失敗をしてしまいました。しかしながら、アジア大陸でビルマそしてインド国境まで戦域を広げたことは確かに無理がありましたが、その後、それらの国々が植民地支配から解放され独立を勝ち取っていたきっかけを作ったという意味において意義のある戦いだったと評価することができそうです。

もし、日本がもっと賢明に日本本土を守ることに集中して、例えば、南太平洋は見放し、グアム、サイパン、フィリピン以北の海域、そして中国大陸では満洲を見放して朝鮮半島までの地域に限って防衛していたら、戦局はもっと違っていたでしょう。少なくとも日本本土自体はあれほどひどい空襲と原爆で破壊尽くされることはなかったかもしれません。しかし、日本がそのような戦い方をしていたとすると、アジアのフィリピンより西側のベトナム、インド、ビルマなどは未だに欧州の国々の植民地として残ったかもしれません。そして植民地が残れば、当然、「人種差別」も依然として温存されていたでしょう。

繰り返しますが、日本本土は丸裸同然でアメリカの空襲を受け、大きな被害を出しましたが、「無謀な作戦」でアジア全域で欧米諸国と戦った結果、旧植民地であった地域が次々と独立を果たし、その結果、「人種差別撤廃」の動きが加速したことは、日本の大きな貢献だったと思います。そう考えると、日本が戦争をアジア全域に広げて戦ったことは本当に「無謀」だったのでしょうか。軍事的には敗北しましたが、世界的な価値観を大きく変えることに貢献したこの日本という国と先人の方々の行為に、我々日本人は誇りを持つべきなのではないでしょうか。

12 「日本分裂」を防いだ天皇のご巡幸

日本の共産革命の危機を察知し、それを防いだ保守自由主義グループでしたが、戦争直後の苦しい生活の中で、日本国民が分裂してしまう可能性もありました。江崎道朗氏は、それを防いだ一つの大きな要因として、天皇のご巡幸を挙げています。加藤進・元宮内府次長によると、昭和天皇は１９４５年（昭和２０年）3月18日に深川で東京大空襲の状況を視察され、その時から、自ら各地を回って国民を慰め励まさねばならないと決意されていたといいます。そして翌1946年から1954年まで、総日数165日、距離にして合計3万3千キロにおよぶ御巡幸を行なわれました。

この天皇のご巡幸が行なわれたのは、国土は荒廃し、敗戦と過酷な占領政策、食糧不足と失業で国民が混乱している状況下でのことでした。日本政府高官らは昭和天皇の安全を危惧してご巡幸には反対でしたが、一方で占領軍の一部は、天皇が国民の目の前に出ていくことで、日本国民から怒りや怨みをぶつけられることを期待していました。しかし、天皇の決意は揺らがず、ストライキに揺れる工場にも、炭鉱の地下の採掘現場にも、戦災孤児の施設にも、さらには学生運動で騒然とする大学にも赴かれました。そして復員兵士の一人ひとりに「どこから帰ってきたのか」「食べ物はどうであったか」「戦争中はご苦労であった」とねぎらいの言葉をかけたそうです。また宿のないところでは、寝台も風呂もないお召列車の中や、学校の教室の板の間にお休みになられたこともあったそうです。

昭和天皇がご巡幸を始められた1946年は、日本共産党が左翼系の労働組合を全国に結成し、革命勢力を築こうとしていた時でした。その動きに伴い、各地で労働争議が頻発していました。同時に、GHQの国民と皇室を分断するキャンペーンの一環として、「日本国民は軍国主義者たちが作った支配体制によって犠牲になった。犠牲を強いたファシズム体制の頂点に天皇がいる」とプロパガンダを広めていました。東京裁判も、WGIP（ウォー・ギルト・インフォメーション・プログラム＝日本に戦争犯罪意識を植え付ける宣伝活動）、教育改革、神道指令も、すべてそのキャンペーンの一環でした。そんな状況下でストライキが頻発し、大混乱していた福岡の炭鉱にも、昭和天皇は乗り込んでいかれました。

陛下は、従業員代表や県内各炭鉱の労使代表者百三十一名が並ぶ列の前へ進まれた。

「石炭は、国家のために最も重要だから、困難もあろうが、しっかりやってくださいね」

陛下の御言葉に、緊張した鉱員代表、三菱新手炭鉱職員井浦嘉七さんが、

「しっかりやります」

とお答えすると、すぐそばにいた鉱員代表、三井・田川採炭夫吉田集さんが、

「私達も一生懸命にやります」

と決意を語った。その言葉を合図に、労使ともに堰をきったように万歳を叫んだ。それは、いかなる困難があろうと頑張りますとの感激の万歳であった。（中略）

その様子に、ある米国記者は、「これで争議は解決した」と感想をもらしたという。

（『日本占領と「敗戦革命」の危機』江崎道朗著：ＰＨＰ研究所より）

このような大変な状況の中、昭和天皇は全国を歩いて国民を励まし、団結を呼びかけられたのでした。どんな厳しい状況の時も、決して逃げず、策を弄することなく、ひたすら真心で、まっすぐに国民と向き合われて、ひとり一人を励まし、日本人のすばらしさを訴え続けたのでした。ＧＨＱは皇室と国民を分断しようと、憲法を改正し、皇室と関連の深い祝祭日を変更したりする政策を断行しましたが、当時の一般の日本国民はそのような概念的なことには無関心でした。日本が戦争に負けてどんなに苦労していても、昭和天皇を心から歓迎し、皇室と国民の絆を改めて再確認して日本復興に向けて動き出そうとしていました。そんな国民に応えるかのように、天皇も焦土の中で苦しむ国民を励まそうとご尽力しました。この御巡幸は、広島ご巡幸のあと、あまりの国民の歓迎ぶりを見たＧＨＱの圧力でいったん中断されました。しかし、天皇のご巡幸への熱意と、国民も熱烈に再開を望んだことで、１９４９年（昭和24年）に再開されたのでした。

このような天皇の奮闘に対し、日本政府も呼応しＧＨＱの憲法改正にできる限りの抵抗をしました。日本国憲法第４条では、天皇は「国政に関する機能を有しない」とされていますが、第6条では天皇は、「国会の指名に基づいて、内閣総理大臣を任命する」、そして第7条で、天皇は、「内閣の助言と承認により、国民のために、左の国事に関する行為を行う」という条文も存在します。これはＧＨＱが憲法草案を日本側に押し付け、天皇を国政と切り離そうとしたことに対して、日本政府側が抵抗した結果、残された条文でした。

　こういう社会の一番つらい部分を支えている人たちのところへ敢えて飛び込んでいかれる天皇はすごいと思います。戦前は庶民の目の前に姿を現すことはほとんどなかったと思われますが、このように生身の天皇が自ら自分の近くに来てくれて、声をかけてくださる姿に、天皇の存在を身近に感じ、励まされたのだと感じます。このことは東日本大震災や熊本地震の際、平成天皇と皇后が被災地を何度も訪問されたことを思い出させてくれます。被災者の方々を慰問している姿をテレビ越しに見るだけで、天皇・皇后の国民をいたわる思いが伝わってきます。

　戦後の天皇行幸の時の民衆の反応を見れば、天皇がイエス・キリストのような神と考えていた人はほとんど皆無だったように思います。みんな自分たちのことを親身になって心配してくれる親のような有難い存在と感じていたのでしょう。この当時の昭和天皇は日本国民を分断させてはならないと、必死だったのだろうと推測します。そして見事、共産主義者らに日本を乗っ取られず、分断もされずに日本国民を勇気づけてくれました。そして、新憲法が制定されて半世紀以上経った現在も、令和天皇は国民のために祈りを捧げ、一部を除く、大半の日本国民は天皇や皇室を慕い続けています。天皇家が続き、日本人の心をつなぎとめていてくれる限り、日本国民が分断されてしまう事態はないと思います。

13　何が第二次世界大戦を引き起こしたのか

こうして見てくると、通説のようにドイツが世界制覇を夢見て強力な軍隊を築き上げ、周辺国を「侵略」して領土を拡大し、そのヨーロッパでのドイツの快進撃に刺激されて、その勝ち馬に乗るために日本もアメリカに刃向かうという無謀な戦争を始めた、という説明には無理があります。どちらかと言えばイギリスのウィンストン・チャーチル海軍大臣（当時）がアメリカのルーズベルト政権の後押しを受けて、チェンバレン首相（当時）にかみつき、ドイツとの決戦に突き進んだのではないかと考えられます。

この構図は、２０２２年2月にロシアの侵攻を受けたウクライナが一時、停戦交渉に向かおうとした3月から4月にかけて、イギリスのジョンソン首相（当時）がキーウに乗り込み、全面的な支援を約束して、停戦交渉を妨害し、戦争継続を強く求めたことと重なって見えます。この時もイギリスはアメリカのバイデン政権から強力な後押しを受けているはずです。この構図について、藤井厳喜氏が著書『藤井厳喜フォーキャスト２０２４』（ワック）の中で解説をしています。

かつての大英帝国の世界の植民地を運営するための資金を集めて流すための「タックスヘイブン・ネットワーク」が存在し、戦後、イギリスが植民地を失ってからも、このネットワークが残り、このネットワークを牛耳るのが「英守旧派」と呼ばれる勢力であり、ロンドンのシティを牛耳っている勢力でもあるといいます。世界中の無国籍巨大企業や超富裕層たちが脱税のためこのネットワークを利用し、富を蓄えています。その表沙汰にできない裏の活動を把握することで、このネットワークを支配する英守旧派が世界の政治経済に影響を与えているといいます。

世界が平和になり、安定してくると、このような非合法な資金の流れを規制しようとする動きが出てきます。その動きを阻止し、タックスヘイブンの存在を維持するためには、米ソ冷戦時代のように紛争が各地で起き、世界が混乱しているほうが都合がよいのです。そしてウクライナという国はもともと新興財閥のオルガルヒが支配する腐敗国家であり、タックスヘイブンのネットワークの一環に組み込まれた国なのだといいます。世界の混乱を長引かせ、タックスヘイブンを守るために当時のジョンソン英首相がロシアとウクライナの停戦交渉を妨害し、戦争を長引かせようと画策したと考えられます。

このウクライナ戦争でのジョンソン元英首相の動きを見ると、1938年から39年、第二次世界大戦が始まるころの、チャーチルの動きと重なって見えます。チャーチルをイギリス首相に押し上げ、そしてチャーチルを操って、戦争に向かわせた勢力があったのではないかと考えられます。そしてその勢力がアメリカのユダヤ金融資本家とつながり、ルーズベルト政権を動かしたと考えると、現在のウクライナ戦争背後のイギリス、アメリカの動きと重なってきます。ただし、今回のウクライナ紛争では、ロシアが崩壊せずに踏みとどまったことで、戦争を扇動したい勢力の動きは弱まってきているようにも見られます。

第7章

21世紀の日本は？

1　日本は第二次世界大戦まで他民族に支配されることはなかった

歴史を振り返ると、日本は古代から武力を使って国を守ってきました。朝鮮半島の白村江の戦い（663年10月）では、朝鮮半島における日本の権益を守ろうとした戦いでしたが、唐の大軍の前に敗れ、百済の国の再興はできませんでした。この時以来、対馬、壱岐、北九州が日本列島の防衛ラインとなり、度々半島からやってくる海賊を撃退してきました。そして13世紀になり、当時世界最強のモンゴル帝国（元）が2度にわたって日本に攻めてきました（元寇）。それ以前の1019年の「刀伊《とい》の入寇」などはたまたま大宰府に出向していた藤原隆家が九州武士団とともに、女真族の海賊を撃退しました。しかし、この元寇の際は、関東武士団である御家人たちが九州に駆けつけ、地元の武士団とともにオール日本の日本軍として外敵を追い払ったことに大きな意義がありました。

15世紀以降は大航海時代が始まり、西欧列強がアフリカ、アジア、アメリカ大陸の有色人国家を次々と植民地にしていく時代でした。16世紀になって日本にもイエズス会がまず宣教師を送り込み、九州地方の大名、庶民にキリスト教の布教をし始めました。しかし当時の武士のリーダーであった豊臣秀吉、徳川家康が日本侵略の危険を感じ取り、宣教師たちを追い出しました。アジア諸国を次々と武力制覇したスペイン、ポルトガルも当時の日本を武力で侵攻するのは無理であるとあきらめました。おかげで日本は外国との貿易を長崎出島だけに限定したいわゆる鎖国政策で、平和な江戸時代となりました。

しかし、19世紀になり、インドを拠点に東南アジア、そしてアヘン戦争を足掛かりに中国南部まで勢力を伸ばしたイギリスと不凍港を求めてアジア極東地区をうかがうロシアが日本海で勢力争いをするようになると、再び日本列島周辺が騒がしくなってきます。戦国時代はスペインやポルトガルを追い出すだけの軍事力を誇っていた日本ですが、２００年間の平和な江戸時代の間に、西欧列強とは科学技術、とくに軍事面においてかなり遅れをとることになりました。

捕鯨船の停泊地としての開港をせまるアメリカをはじめとする西欧列強が次々と日本に迫る中、日本は戊辰戦争で国を二分するような争いの後に明治維新を成し遂げます。戊辰戦争の際、薩摩長州連合側にイギリス、徳川幕府側にフランスがついて支援したため、国が分裂してしまう危険もありましたが、最終的に幕府側が徹底抗戦をあきらめ、日本が分断されてしまうことは避けられました。この頃から日本は白人国家に呑み込まれそうになることが何度もありました。

この幕末から戊辰戦争にかけて、西欧列強の科学力、軍事力をまざまざと見せつけられた明治新政府は、日本が他のアジア諸国のように西欧列強に呑み込まれないために、欧米に新政府の主要メンバーを送り込み、日本を近代化させるための知識、科学技術、そして憲法草案のための社会概念までも吸収しようとしました。日本国内でも莫大な報酬を積んで、外国からさまざまな分野の講師を招き、西欧の知識を吸収しようとしました。しかしながら、この時、公用語に英語を採用してしまっていたら、エリートたちは英語で重要な内容を話し合い、庶民には情報が遮断される社会となったかもしれません。そしてエリートたちがダボス会議のような白人エリートたちの組織に招待されて日本が世界のエリートたちの餌食になったかもしれません。しかしそうはなりませんでした。それどころか、富国強兵で国力をつけ、日露戦争で白人国家を脅かすまでの存在になりました。

そこで第一次世界大戦時までは日本を準白人国家扱いにして世界秩序構築のためにうまく利用しようとしました。しかし、満洲で白人国家の利益とぶつかってから、日本は白人国家の狡猾さ、凶暴さに気づき、対決する決断をしました。結局は「太平洋戦争」で、アメリカに敗れましたが、アジア諸国で数年間、日本が独立支援、教育を施しただけで現地民は目覚めました。「もう二度と白人国家の支配下には戻らない」と次々独立を果たし、日本から教わった教育の大切さを理解しました。もう今はそのような国々でも庶民は無知で支配されるだけの存在ではなくなったのです。

2　21世紀の日本の役割とは？

第二次世界大戦後、ヨーロッパとアジアでそれぞれ戦争を開始したとされるドイツと日本に戦争の責任をすべて押し付け、この2国を封じ込めるための国際連合が設立されました。しかしながら、20世紀の後半も世界平和とは程遠い世界となりました。東西からドイツと日本にはさまれ、消滅寸前だった共産主義の本丸ソ連（現ロシア）が強大な国となって出現し、イギリスから覇権を奪ったアメリカと世界を二分する争いが各地で繰り広げられるようになりました。

「世界平和」を築くための「集団安全保障」を基本原則とした国際連合ができた後も、朝鮮戦争、ベトナム戦争など、国連がまともに機能していれば起こるはずのない戦争が起こり続けました。そして、「世界平和」とは言えない状態が続いた20世紀の終わりに、共産主義のリーダーだったソビエト連邦が崩壊、残った共産主義大国は中国となりました。20世紀に日本が体をはってアジアで戦い、アジアをはじめとする植民地が一掃されましたが、

21世紀になって再びアジアを眺めると、共産主義中国がチベット、ウイグル、内モンゴルという植民地を抱えています。さらにはウクライナや中東、そしてアフリカのスーダンなどで依然として紛争が続き、世界の混乱が収まる気配はありません。

15世紀から始まった有色人種国家の植民地化では、現地の有色人種を無知のまま支配するという構造でした。そして支配者白人に協力的な現地民のみ本国に留学させて、ある程度の教養をつけさせ、現地民の支配に利用するというものでした。あるいは、アジアの多くの場合は華僑が多かったのですが、他民族を現地に引き込み、直接の税や生産物の徴収をやらせ、間接支配の構造を作り上げました。20世紀になって、その白人支配の構造をぶち壊したのが日本でした。

その日本をなんとか敗戦に追い込んだ白人エリートたちはまた世界のメディアを支配して、世界市民を無知のままコントロールしようとしているのかもしれません。しかし、21世紀はインターネットが普及し、新聞テレビを支配していれば大衆をコントロールできる時代は終わりつつあります。メディアがいくらネット情報はデマだと騒ぎ立てても、庶民はどちらが正しいのかを判断できるだけの教養が身についてしまっています。おそらく、一昨年（２０２２年）の地球温暖化理論、昨年（２０２３年）のコロナワクチンへのノーベル賞については、評価していない人が多くいると思われます。

20世紀に世界の価値観をひっくり返した日本ですが、第二次世界大戦後は、白人国家連合が懸命に日本を叩き、頭をもたげないよう圧力をかけてきました。しかし、21世紀になり、再び日本の価値観が世界に広がりつつあるのが感じられます。たとえば、日本の食文化、アニメが世界中で広く受け入れられていますが、私が最後にアメリカに行ったのは2010年の夏でした。その時、アメリカ社会について書かれた本を探しながら、かなり何軒か本屋に行って見たのですが、どの本屋にも必ず日本のマンガ本が置いてありました。

そして私が立ち寄ったすべての本屋に日本の少年漫画『ONE PIECE』のシリーズがずらりと置いてありました。私自身は『ONE PIECE』をちゃんと読んだり見たりしたことはありませんが、海賊王を夢みる少年であるルフィが敵を倒し、その敵を仲間に加えていくストーリーだと聞いています。敵を抹殺するのではなく、最後には理解し合って手を取り合うという結末はとても日本らしいのですが、そのようなストーリーが海外、特にアメリカのような国で広まっているということに驚きました。

アメリカはヨーロッパ以上にキリスト教原理主義的なところがあり、「神VS悪魔」「善VS悪」というストーリーが好まれると思っていました。バットマンやスターウォーズなどがその典型です。でも、そんなアメリカ社会でも若い子供世代が日本的な価値観に心を惹かれているとしたら、21世紀は簡単には白人エリートたちが思い描く世界にならないのではないかと感じています。

3　ウクライナ戦争は第二次世界大戦と重複する

２０２２年２月24日にロシア軍がウクライナに侵攻し、ウクライナ戦争がぼっ発しました。21世紀になっても、なおもこのような戦争が起きることに世界は驚きました。世界中からウクライナに侵攻したロシアをバッシングする声が上がりましたが、本書で見てきた第二次世界大戦時の日本やドイツと同様、今回のロシアもこの戦争に巻き込まれ、悪役を演じさせられていると、元駐ウクライナ大使の馬渕睦夫氏が著書『馬渕睦夫が読み解く２０２４年世界の真実』（ワック）の中で喝破しています。

ウクライナ戦争の詳しい経緯については馬渕睦夫氏の著書に任せたいと思いますが、東部クリミヤのロシア系住民を守るためにクリミア半島を併合し、ミンスク合意でロシア系住民の自治が実現するかに思えたにもかかわらず、その合意を無視してロシア系住民の虐殺を続けるウクライナに軍事侵攻したロシアは、ポーランド回廊でドイツ系住民を殺戮され、ポーランド侵攻に踏み切ったドイツと重複します。また２０２３年10月には中東にて、ハマスの大規模テロによって１０００人以上の自国民を虐殺されたイスラエルがその報復とハマス排除のためにガザ地区に侵攻しました。これも日中戦争時、何度も和平案を結ぶのに、それを破って中国共産党員らが中国大陸に駐留する邦人にテロをしかけ、日本軍が中国大陸に引きずり込まれていく様子と重なります。戦争とはこのように仕掛けられ、拡大していくものだという見本のような事件です。

２０２２年9月30日、プーチン大統領はドネツクおよびルガンスク人民共和国とザポリージャおよびケルソン地域のロシア編入式典にて演説をしました。その演説を分析すると、ロシアはウクライナに巣くうネオコン勢力に勝利し、ＥＵ諸国だけでなくアメリカ国内の国益重視派の人たちに対しても、ネオコン勢力の影響を断ち切るためにロシアとの共闘を呼び掛けていると読み取れる、と馬渕睦夫氏が先の著書の中で述べています。

日本国内では相変わらずトンチンカンな報道が続いていますが、このプーチン大統領の演説以降になって、停戦を求める動きが活発化しています。プーチンの出したメッセージを正しく理解したアメリカや欧州の愛国者たちが、プーチンと共闘することを選択したようです。その後の２０２３年10月のハマスのイスラエルに対するテロ行動は、このウクライナ戦争から世界の目をそらすため、ネオコン勢力がハマスを動かしたものだと言えるようです。プーチン大統領の踏ん張りのおかげで、これまで世界のあちこちで介入工作を仕掛け、混乱を招いてきたネオコン勢力が弱ってきているようです。

２０２４年11月には米国大統領選挙があり、トランプ氏が大統領に返り咲くのではないかと見られています。振り返ってみると、２０１６年、大統領選挙の直前まで、大手メディアはこぞってヒラリー・クリントンが90％以上の確率で当選すると報道していましたが、ふたを開けてみればトランプ氏の圧勝でした。２０２０年にはトランプ氏が当選ラインを上回る７千万票を獲得したにもかかわらず、まったく人気のなかった民主党バイデン氏がアメリカ中が熱狂したオバマ大統領が獲得した票を上回る得票で大統領に当選しました。アメリカ中西部に住むごく一般のアメリカ人である私の友人ですら、この時の選挙は乗っ取られたと批判するほど不思議な結果でした。

大手メディアはトランプ大統領が就任して以来、あらゆる手を使ってトランプ政権を批判してきましたが、それとは裏腹に世界で紛争が収まり始めました。イスラム国もいつの間にか消滅しました。北朝鮮の金正恩書記長とトランプ氏が会談をして以降、北朝鮮はトランプ政権の間、ミサイルを発射することもなくなりました。アメリカ国内も経済が回復し、黒人、ヒスパニック系の人たちの失業率もぐっと減りました。しかし、２０２０年11月に、疑惑の大統領選でアメリカ大統領にバイデン氏が就任すると、再び世界は混乱へと舵が切られました。アメリカ国内ではせっかくシェール革命で景気が良くなっていたアメリカ経済は、バイデン政権の「脱炭素」政策で、停滞し、さらに非合法移民が大量に流入して治安が悪化しました。

２０１４年のロシアのクリミア併合以来くすぶっていたロシアとウクライナの関係も、トランプ政権の間は沈静化していましたが、バイデン政権になるとロシア挑発がひどくなり、ついに２０２２年２月にロシアのウクライナ侵攻が始まりました。そんな不安定な世界情勢の中、日本では7月に選挙のための遊説中に安倍元首相が暗殺されるという大事件が起こりました。安倍元首相のおかげで、日本は世界から信頼され、頼りにされる国へと変貌しつつありました。欧米の大手メディアばかり後追いしている日本のメディアは正しく評価していませんが、安倍元首相暗殺の報に対する弔意は２６０の国、地域や機関から１７００件以上にのぼっています。第二次世界大戦終戦以降、ずっと国際舞台では頭をもたげないよう押さえつけられてきた日本がようやくその存在感を示し、他の先進国と肩を並べるどころか、他の国をリードするような存在になりつつありました。

安倍元首相暗殺はそのような影響力のある日本人を消し去る目的があったのかもしれません。また言うことを聞かなければいつでも抹殺できるぞ、という岸田首相への脅しだったのかもしれません。その後の岸田首相の動きを見ると、バイデン政権、エマニュエル駐日大使に操られているかのように見えます。日本のリーダーである岸田首相の迷走は続いていますが、日本の存在感は確実に世界に広まっているように感じています。草の根の学校間の姉妹校交流や、交換留学、姉妹都市交流、さらには日本の食文化の普及、日本製品の普及により、今後もどんどん日本の価値観が広まっていくのではないかと感じています。日本は一部のエリートに支配されない、庶民パワーの国です。この庶民パワーこそが世界を本来の民主主義社会へと導く源になることを願っています。

4　20世紀の日本の偉業

戦国時代、スペインとポルトガルの宣教師たちによって、日本が外国に侵略される危機がありましたが、豊臣秀吉、徳川家康らの慧眼と当時の日本の武力によって、その危機を乗り越えた後、江戸時代の太平の時代が続きました。オランダとは長崎で貿易を続けていたものの、オランダは日本との交易のうま味を理解し、スペインやポルトガルのような強引な侵略行為はせず、潤沢な利益をもたらしてくれる日本市場を大切に守るために、海外の情報も詳しく日本に報告してくれていました。

19世紀となり、東アジア地区にも欧米列強の植民地支配の波が押し寄せ、いよいよ日本が武力で開国されるとなった際も、オランダからの情報により、欧米列強の植民地支配を受けるとどんな目にあうか、かなり詳しい情報は日本に入っていました。不平等条約を結ぶことにはなりましたが、なんとか植民地支配を免れた日本は、武力がなければ欧米列強に太刀打ちできないことを悟り、一気に富国強兵路線を進み、近代化を実現させました。

北からのロシアの脅威を強く感じた日本は朝鮮半島にロシアを南下させないようにと、清の属国だった朝鮮を独立させるも、朝鮮はロシアにすり寄り、満洲から今にも朝鮮半島へと南下してきそうな気配がありました。ロシアは有色人種の国など歯牙にもかけていませんでしたが、１９０５年、国力をかけてロシアと決戦を挑んだ日本は有色人種国家として初めて白人国家を武力で打ち破り、満洲から追い出すことに成功しました。

そこから日本は準白人国家としての扱いを得て、第一次世界大戦では日英同盟を結ぶイギリスからの要請でカナダから地中海の海域のドイツＵボートを封じ込め、連合国の勝利に貢献しました。そして有色人国家として初めて国際連盟の理事国にも選ばれ、白人大国の仲間入りを果たしました。しかし、第一次世界大戦後の処理を話し合うパリ講和会議の席で「人種差別撤廃」を提案しましたが、当時の世界情勢からこの提案は握りつぶされてしまいました。

当時のアメリカ、ウィルソン大統領は「民族自決」を謳っていましたが、有色人種の民族自決はあり得ないという立場だったのでしょう。また日英同盟の立場から忠実にイギリスに従ってくれると思っていた日本が大英帝国の根幹を揺さぶるような発言をしたことを黙って聞いていたとは思えません。日本とそしてドイツはロシア革命で共産主義国家が出現したことを危惧していましたが、欧米白人国家連合は共産主義国家の登場よりも、有色人種国家の台頭のほうが脅威だったのかもしれません。

実際に日本は台湾と朝鮮半島を植民地ではなく日本の一部として統治し、さらに満洲国では「五族共和」をスローガンに掲げ、人種差別のない国を目指していました。人種差別は当たり前で、植民地支配をし植民地の有色人種から搾取して贅沢な暮らしを享受していた白人国家連合はどう感じていたでしょうか。アメリカ大陸でネイティブアメリカン（インディアン）部族同士を対立させ、弱ったところで土地を取り上げてきたアメリカは、アジア人同士を戦わせることを企画しましたが、これは21世紀の現代、スラブ民族同士を戦わせようと画策したウクライナ紛争と重なって見えます。

第二次世界大戦ではドイツと日本が本土を破壊され、戦争に負けてしまったため、日本がやろうとした白人だけでなく有色人種の民族自決、そして人種差別撤廃の目的は封じ込まれてしまいました。しかし、日本がほんの数年間だけ吹き込んだ独立の精神をアジアの国々が発展させ、第二次世界大戦後も、有色人種国家が再植民地化を狙う白人国家を蹴散らして独立を勝ち取っていきました。そして大戦後にできた国際連合に国家の代表を送り込み、「人種差別撤廃」の動きを止めませんでした。そしてついに１９６４年にはアメリカで公民権法が成立し、法律上での人種差別はなくなりました。さらには１９９４年、最後に残った南アフリカのアパルトヘイトが撤廃されました。

アメリカの公民権法の成立や南アフリカのアパルトヘイト撤廃については、直接日本が関与したわけではありません。しかしながら、20世紀の初めに日本が有色人種国家として初めて白人国家ロシアと武力衝突してから、やがては人種差別の巣窟であった大英帝国の植民地からイギリスを追い出し、アジアの有色人種国家の人たちに独立精神を教え込み、これらの国々が独立を果たし、世界に「人種差別撤廃」の動きが広がり、ついに20世紀の終わりの１９９４年に南アフリカのアパルトヘイトが撤廃された大きな20世紀の流れはまさに日本がきっかけを作ったことから始まったのは間違いありません。

第二次世界大戦直後は、白人国家連合が戦争に勝利したため、この「事実」は封印されてしまいました。しかし、長い間白人国家に植民地支配され、搾取されてきた国のリーダーたちはこのことはわかっていました。

杉山徹宗氏の『日本の大逆襲―経済、防衛の超大国へ―』（ワニブックス）によると、こんなエピソードも残されています。自衛隊が紛争中の場所にＰＫＯミッションを派遣したのは1996年2月からでした。当時、ゴラン高原を巡るイスラエルとシリアとの係争で、シリア軍基地に物資の補給等を要請されました。部隊を率いたのは陸自3等陸佐（当時）の本松敏史氏（西部方面総監を経て退官）でしたが、自衛隊を迎えた当時のアサド大統領（現・アサド大統領の父）は、「自衛隊PKO部隊に対してイスラエル軍はおろか、ハマスやヒズボラなど軍事組織が1発でも日の丸や自衛官を撃ったならば、シリア軍は全軍を以て攻撃者を叩くと通告しているから、安心して業務を遂行してほしい」と声をかけてくれました。

感動した本松三佐は「なぜそれほどまでにして自衛隊を守ってくれるのか」と大統領に聞くと、大統領は「日本軍はかつて大国のロシアを完璧に打ち砕き、先の大戦では特攻隊まで繰り出して米軍を全滅状態にまで追い込んだ勇者の軍隊であり国である。これほどの勇敢な軍隊・軍人、そして国家に対して一人でも死傷者を出すことなど、あってはならないことである」と答えたそうです。シリアはアラブ人の国であるが、日本と日本軍人の戦いぶりに感激し感謝し、決して日本人の戦いぶりを忘れてはいなかったのです。

さて、21世紀の今、世界を見渡すと、いまだに20世紀に起こったような紛争が続いています。そして日本が戦ったことによって、一旦はなくなった植民地がまた中国国内にチベット、ウイグル、内モンゴルとして出来上がってしまいました。これらの「植民地」では、戦前の白人国家の植民地と同等またはさらに過酷な搾取と強制労働が行われています。20世紀には自国に大きな犠牲を払って、世界から植民地支配を一掃した日本ですが、今後はこの状況にどう対処していくのでしょうか。それとも何もできないのでしょうか。個人的な見解としては、日本の民衆と世界の目覚めた一般大衆が力を合わせて動き出せば、世界を裏から操ろうとする一部のエリート勢力たちの思うような世界にはならないのではないかと感じています。

おわりに

日本が第二次世界大戦でアメリカに敗戦してしまった原因はいくつかあります。大雑把に言って、国際情勢を見誤ってドイツを過大評価してしまったこと、ソ連共産党の工作を見抜けなかったこと、平時の陸軍海軍の予算獲得競争が有事になっても続いてしまい、この戦争の大きな目標を見失っていたこと、政府と軍が一体となって日本本土を守る戦略が立てられなかったことなどが挙げられます。結果として、三百万人を超える犠牲者を出して本土の多くが破壊されてしまったことは本当に残念でしたが、戦後、アジア諸国が次々と独立し、過酷な植民地支配から解放されたことは事実です。さらにその影響はアジアのみならず、アフリカなど世界の有色人種の国々へと広がっていきました。

そして有色人種の国々が戦後に設立された国際連合に加盟し、発言権を得るようになると、徐々に「人種差別撤廃」の動きが高まり、ついには「人種差別は犯罪である」

という世界的な共通認識が出来上がるまでになりました。これは19世紀の世界にはあり得ないことでした。また第一次世界大戦後、準白人国家扱いとなって国際連盟の理事国になった日本が「人種差別撤廃」を提案しても、植民地を持ち、奴隷制度を抱える国からまったく評価はされませんでした。第二次世界大戦で日本が国の命運をかけて白人国家連合と戦い、アジアの国々を植民地支配していた大英帝国、フランス、オランダなどを追い払い、アメリカと死闘を繰り広げた結果、ようやく勝ち取った「世界的な共通認識」でした。

「植民地支配の終焉」と「人種差別の撤廃」という偉業は、13世紀にモンゴル帝国がユーラシア大陸を席巻した以上の世界的な偉業なのではないかと感じます。13世紀にアジアの遊牧民モンゴルに世界制覇寸前まで追い込まれた後、15世紀から19世紀までは白人国家が世界の有色人種を支配下に治めました。そして20世紀初頭の日露戦争から第二次世界大戦まで戦い続け、白人国家支配を終焉させたのがこの日本だとしたら、日本人はこのことをもっと誇っていいのではないでしょうか。

私のようなごく普通の庶民が本屋に置いてある本を読んだだけで、これだけのことがわかるのに、なぜ「日本＝悪」だったという歴史観が修正されないのでしょうか。

私はずっと、日本が唯一、有色人種国家として、白人優位の世界に挑み、白人優位の世界をひっくり返してしまったから、先進国の白人国家は日本の偉業を認めることができないのだ、と思っていました。

そのことは大きな要因であると思いますが、もう一点、ジェイソン・モーガン氏がアメリカの大学や歴史学者について、月刊雑誌WiLL（２０２４年4月号）の中で、アメリカの大学の腐敗について次のように述べています。どのアメリカの大学でも、基本的に大学の人事を牛耳っているのは大学の理事会であり、ハーバード大学の場合、『ハーバード・コーポレーション（ＨＣ）』という理事会が人事を牛耳っています。しかし、ＨＣの有力メンバーのほとんどは白人なのだそうです。今年（２０２４年）１月、モーガン氏はハーバード大学ロースクールのＪ・マーク・ラムザイヤー教授との共著『慰安婦という大きな嘘（The Comfort Women Hoax）』を出版したところ、さまざまな大学教授、学者がモーガン氏とラムザイヤー教授を「人種差別者」「ファシスト」などのレッテル貼りをして強烈な非難をしてきたそうです。

慰安婦たちが朝鮮半島から強制連行され、性奴隷として働かされたという主張を裏付ける歴史資料は存在せず、共産主義者が作り出したお粗末なウソであるにもかかわらず、なぜラムザイヤー教授やモーガン氏をののしるのか。その一番の目的は、大学の人事を牛耳っている左翼理事に媚びを売るためだ、とモーガン氏は指摘しています。

大学の人事を牛耳っている左翼が「慰安婦＝性奴隷」という説を唱えていたら、たとえ歴史的事実に反していても、大学に雇われている「学者」たちは同じ主張をしなければならない。同じ主張をすることで権力者のご機嫌を取り、自分の評判を上げ、出世する。これがアメリカの学界の腐敗した構造である、とモーガン氏は述べています。

日本でも同様な構図がある、と指摘するのはイスラム思想研究者の飯山陽氏です。WiLL2024年2月号の島田洋一氏との対談で、日本の中東研究は左傾化しており、ハマスのイスラエルに対するテロ攻撃も、「イスラエル＝非人道的な侵略国家、ハマス＝やむなく立ち上がったパルチザン」という構図でしか見ていないと指摘しています。飯山氏が主張する中東論が学会とはまったく違うことから、大学院生のころからいじめられてきたといい、不当に論文を受け付けない、論文を落とす、まともな推薦状を書かない、研究グループから排除する、などの仕打ちを受けてきたため、博士号を取った後、中東イスラム学会を去ったと述べています。

飯山氏によると、戦後のイスラム学会を牛耳ってきたのが東京大学名誉教授の板垣雄三氏であり、日本学術会議の会員を9年間務め、「米国が主導する現在の世界秩序を嫌悪しており、パレスチナは米国の資本主義、植民地主義の犠牲者である」という考えを持った人物であるそうです。また、中東研究の「権威」である池内恵《さとし》東京大学教授や東京外語大学の篠田英朗教授らは、外務省から多額の補助金をもらっており、だから外務省的な「八方美人外交」を批判するような存在が出てくると、それを排除しようと必死になる、と島田氏が述べています。

外務省も自分たちの路線を礼賛してくれる大学教員は好都合で、東大名誉教授で元国連次席大使の北岡伸一氏や、東大副学長でＪＩＣＡ（国際協力機構）理事長などを歴任した田中明彦氏などがその代表であるそうです。そのような外務省の「御用学者」になると、ＪＩＣＡや国連関係など同省傘下のポジションを与えてもらえる、と島田氏が述べています。しかし、篠田氏は「日本は本質的に侵略国家だから、戦前に戻らないよう国連や国際法を遵守しなければならない」という考えの持ち主だ、と飯山氏が指摘しています。

そのため、ハマスの指導者ハーリド・マシュアルの資産が7億円、ハマスのトップスリーの資産総額は約2兆円と、ハマスがいかに「金満強欲テロ組織」であるか、ハマスのイスラエルに対するテロ行為がいかに残虐なものだったのかなどは日本で報道されることはありません。加えて島田氏は、日本を含む各国が国連機関などを通じて行ってきたパレスチナ支援がハマスの手に入り、テロ資金となってきたこと、そしてガザの一般住民は、ハマスにとって、「人間の盾」であり「国際支援の引き寄せ材料」

にすぎない、ことを指摘しています。（以上、「ハマスVSイスラエル、学者・政治家・専門家、世間知らずの暗愚ばかり」飯山陽・島田洋一（対談）：WiLL ２０２４年２月号より）

　このような日米の大学の現状を考えると、事実に基づく正しい歴史観を構築していくのはかなり難しいのかもしれません。しかし、モーガン氏が記事の中で述べているように、そのような腐敗した大学は長く存続することはできないでしょう。アメリカの大学の偏向ぶりに気づいたまともな学者・学生たちは、そのような大学から離れ、新しくできた大学や海外の大学、まともな学部へと移っているそうです。日本でもテレビで中東情勢を解説してくれる高橋和夫氏のコメントを聞いても、よくわからないことが多いです。それに対し、飯山陽氏の著書などを読むと、中東の問題が非常によくわかります。飯山氏の著書もいわゆる専門家たちの書く著書よりもよく売れているそうです。

　私が大学に入ったころは、故樋口清之氏（国学院大学名誉教授）の著書などを読み、日本人の知恵、賢明さなどをおもしろがって読んでいましたが、アメリカ留学から帰った後は、日本の本当の姿、日本がアジアでしでかしたことの本当の意義は何だったのかに興味を持つようになりました。大学の専攻が英語学でしたので、高校の英語教員となり、それ以後は、仕事の合間に本屋に行って、新聞テレビで言われていないような内容の本を探して読むことが私の趣味となりました。そんな中、最初に衝撃を受けた本は展転社から出された『仕組まれた南京大虐殺：攻略作戦の全貌とマスコミ報道の恐さ』（大井満著）でした。やっぱり日本兵はあんな残虐なことはしてなかったんだと確信した本でした。

その後、なぜ新聞、テレビの報道がそのようなことをまったく伝えないんだろうと疑問に思いながら本を読み進めると、故竹村健一氏、故渡辺昇一氏、藤岡信勝氏、西尾幹二氏、高山正之氏、日下公人氏のような方々の本に行きつきました。読むことすべてが新鮮で、新刊本が出るとすぐに購入して読んでいました。最初のうちは本多勝一氏の『南京への道』（朝日新聞出版）やエドガー・スノーの『中国の赤い星』（筑摩書房）なども合わせて読んで比較してみたりしたのですが、日本の歴史や日本人の生き方を読み進めるうちに、左翼の人たちが言うような残虐行為を日本兵がしたはずはない、と思うようになり、そのような人たちの本は読まなくなっていきました。

私の仕事（英語教員）とはまったく関係ない日本の歴史を追いかけて本を読んでみて、自分が日本人であること、日本で生まれ育ったことに誇りを持てるようになったことはとても大きな財産となりました。私のような歴史ド素人が書いた本がそんなに売れるとは思っていませんが、日本人として誇りを持つ、日本人として生まれ、日本で育ってきたことに感動することに、読者の方々が共感してくだされば幸いです。

私のような歴史学者でも専門家でもないただの歴史ド素人が興味本位で読んだ本を取りまとめても、これだけのことがわかるのはすばらしいことだと思います。専門家でない私がこれまでに読んだ本から情報を取りまとめたものですので、もしかしたら間違っている情報もあるかもしれません。しかしながら、日本が第二次世界大戦で「無謀な戦い」をしたことによって、20世紀の世界が大きく変わり、「植民地」が一掃され、「人種差別」という価値観が百八十度ひっくり返ったことは事実です。何度も言いますが、このことは日本人の皆さんが誇りに思っていいことであると確信しています。

最後に、私個人の推測に過ぎませんが、もしかしたら、第一次世界大戦の後、パリ講和会議で日本が「人種差別撤廃」を提案したこと、これが第二次世界大戦の引き金になったのではないか、多くの資料をあたっているうちにそんな思いが強くなりました。日露戦争で大国ロシアと対等に渡り合い、ロシアに呑み込まれるどころか、満洲からロシアを追い出すことに成功しました。その力をつけた日本に対して西欧列強は、「準白人国家」として国際連盟の理事という地位を与えたところ、「人種差別撤廃」というとんでもないことを言いだした。このような危ない有色人国家はどこかで潰さなければならない、白人国家連合がそう考えてもおかしくないと思います。その結果が、アジア人同士を戦わせて力を削ぐこと、つまり日本と中国を戦わせるということではなかったと思います。

第二次世界大戦前の世界情勢の中では、日本が他の白人国家と同じ様な待遇を受けていると考えるとつじつまの合わないような理不尽なことがいくつもあります。

この後は私の寿命との相談なのですが、できればこの内容を英語に翻訳して、海外の私の友人にも配信してみたい、またさらに歴史をさかのぼって日中戦争、そして20世紀の幕開けとなった日露戦争まで書き続けることができたらいいなと思っています。21世紀は、20世紀に左翼思想で大きくゆがめられてしまった歴史観を修正していく世紀となればと願っています。

参考資料一覧

『うめぼし博士の逆・日本史　1〜4』樋口清之著（1986〜1988年／祥伝社）
『大東亜戦争は日本が勝った・英国人ジャーナリスト ヘンリー・ストークスが語る「世界史の中の日本」』ヘンリー・S・ストークス著／藤田裕行翻訳（2017年／ハート出版）
『なぜアメリカは、対日戦争を仕掛けたのか』加瀬英明、ヘンリー・S・ストークス著（2012年／祥伝社）
『英国人記者が見た連合国戦勝史観の虚妄』ヘンリー・S・ストークス著（2013年／祥伝社）
『日本人の知らない日本がある こころに残る現代史』白駒妃登美著（2014年／KADOKAWA）
『歴史が教えてくれる日本人の生き方』白駒妃登美著（2016年／扶桑社）
『勇気をくれる日本史 誰も知らない偉人伝』白駒妃登美著（2018年／KADOKAWA）
『感動の日本史（日本が好きになる！）』服部剛著（2016年／致知出版社）
『教室の感動を実況中継！ 先生、日本ってすごいね』服部剛著（2015年／高木書房）
『ねずさんの 昔も今もすごいぞ日本人！　第二巻：「和」と「結い」の心と対等意識』小名木善行著（2014年／彩雲出版）

『ねずさんの　昔も今もすごいぞ日本人！　第三巻：日本はなぜ戦ったのか』小名木善行著（2014年／彩雲出版）
『誰も言わないねずさんの世界一誇れる国日本』小名木善行著（2018年／青林堂）
『歴史通2015年9月号』〈台湾を救った根本博　門田隆将〉（ワック）
『太平洋戦争の新常識』歴史街道編集部編（2019年／PHP研究所）
〈第5章　戦艦大和は「時代遅れ」でも「無用の長物」でもない　戸高一成〉
〈第6章　ここで戦艦大和を投入すれば戦局は違った　平間洋一〉
〈第9章「キスカ島撤退の奇跡」を導いたものは何か　早坂隆〉
〈第11章「終戦後」に始まった占守島と樺太の戦いとは何だったのか　早坂隆〉
『日本はなぜアジアの国々から愛されるのか』池間哲郎著（2013年／扶桑社）
『誰が第二次世界大戦を起こしたのか　フーバー大統領『裏切られた自由』を読み解く』渡辺惣樹著（2017年　草思社）
『アメリカはいかにして日本を追い詰めたか：「米国陸軍戦略研究所レポート」から読み解く日米開戦』ジェフリー・レコード著／渡辺惣樹翻訳（2017年／草思社）
『教科書に書けないグローバリストの近現代史』渡辺惣樹、茂木誠著（2022年／ビジネス社）
『まだGHQの洗脳に縛られている日本人』ケント・ギルバート著（2015年／PHP研究所）

参考資料一覧

『こうして、２０１６年、「日本の時代」が本格的に始まった！』日下公人著（２０１６年／ワック）
『ついに日本繁栄の時代がやって来た』日下公人著（２０１７年・ワック）
『「情の力」で勝つ日本』日下公人著（２０１８年／ＰＨＰ研究所）
『トランプなんか怖くない』日下公人著（２０１６年／悟空出版）
『インテリジェンスと保守自由主義　新型コロナに見る日本の動向』江崎道朗著（２０２０年／青林堂）
『朝鮮戦争と日本・台湾「侵略」工作』江崎道朗著（２０１９年／ＰＨＰ研究所）
『コミンテルンの謀略と日本の敗戦』江崎道朗著（２０１７年／ＰＨＰ研究所）
『アメリカ側から見た東京裁判史観の虚妄』江崎道朗著（２０１６年／祥伝社）
『日本は誰と戦ったのか　コミンテルンの秘密工作を追及するアメリカ』江崎道朗著（２０１７年／ベストセラーズ）
『天皇家 百五十年の戦い［１８６８-２０１９］』江崎道朗著（２０１９年／ビジネス社）
『知りたくないではすまされない　ニュースの裏側を見抜くためにこれだけは学んでおきたいこと』江崎道朗著（２０１８年／ＫＡＤＯＫＡＷＡ）
『ミトロヒン文書 ＫＧＢ（ソ連）・工作の近現代史』江崎道朗監修／山内智恵子著（２０２０年／

ワニブックス）
『日本占領と「敗戦革命」の危機』江崎道朗著（2018年／PHP研究所）
『新文系ウソ社会の研究：悪とペテンの仕組を解明する』長浜浩明著（2019年／展転社）
『沖縄戦・渡嘉敷島「集団自決」の真実』曽野綾子著（2014年／ワック）
『ぼくらの死生観 ―英霊の渇く島に問う―新書版「死ぬ理由、生きる理由」』青山繁晴著（2018年／ワニブックス）
『壊れた地球儀の直し方』青山繁晴著（2016年／扶桑社）
『ぼくらの祖国』青山繁晴著（2015年／扶桑社）
『日本人だけが知らない「終戦」の真実』松本利秋著（2015年／SBクリエイティブ）
『人種戦争――レイス・ウォー――太平洋戦争　もう一つの真実』ジェラルド・ホーン著（2015年／祥伝社）
『日米開戦　陸軍の勝算』林千勝著（2015年／祥伝社）
『世界最強だった日本陸軍　スターリンを震え上がらせた軍隊』福井雄三著（2015年／PHP研究所）
『負けるはずがなかった！大東亜戦争』倉山満著（2014年／アスペクト）
『アメリカはなぜヒトラーを必要としたのか』菅原出著（2002年／草思社）

参考資料一覧

『教養として学んでおきたい太平洋戦争』ドントテルミー荒井著（2022年／マイナビ出版）

『太平洋戦争秘史　周辺国・植民地から見た「日本の戦争」』山崎雅弘著（2022年／朝日新聞出版）

『ウクライナ紛争 歴史は繰り返す 戦争と革命を仕組んだのは誰だ』馬渕睦夫著（2022年／ワック）

『馬渕睦夫が読み解く　2024年世界の真実』馬渕睦夫著（2023年／ワック）

『日本人だけが知らなかった「安倍晋三」の真実-甦った日本の「世界史的立場」』西村幸祐著（2022年／ワニブックス）

『日本再興~世界が江戸革命を待っている』増田悦佐著（2021年／ビジネス社）

『月刊WiLL（ウィル）2024年 2月号』〈ハマスvs.イスラエル 学者・政治家・専門家　世間知らずの暗愚ばかり　飯山 陽／島田洋一〉（ワック）

『月刊WiLL（ウィル）2024年4月号』〈名門ハーバード大学で起きたこと　アメリカの大学は死んだ！　ジェイソン・モーガン〉（ワック）

『日本とアメリカ戦争から平和へ〈下〉欧州大戦から大東亜戦争へ、アジアの独立とシナ内戦、ソ連崩壊まで』長浜浩明著（2017年／アイバス出版）

『日本史の謎は「地形」で解ける【日本人の起源篇】』竹村公太郎著（2023年／PHP研究所）

『歴史の大ウソを打破する日本文明の真実』武田邦彦著（2024年／ビジネス社）
『藤井厳喜フォーキャスト2024』藤井厳喜著（2023年／ワック）
『歪められた真実　昭和の大戦（大東亜戦争）』井上和彦著（2023年／ワック）
『アメリカ人が語る アメリカが隠しておきたい日本の歴史』マックス・フォン・シュラー著（2016年／ハート出版）
『日中戦争の真実』黒田紘一著（2015年／幻冬舎メディアコンサルティング）
『真珠湾の真実 ― ルーズベルト欺瞞の日々』ロバート・B・スティネット著／妹尾作太男翻訳（2001年／文藝春秋）
『教科書には載っていない大日本帝国の真実』武田知弘著（2011年／彩図社）
『関東大震災「朝鮮人虐殺」はなかった！』加藤康男著（2014年／ワック）
『ザ・レイプ・オブ南京の研究：中国における情報戦の手口と戦略』藤岡信勝、東中野修道著（1999年／祥伝社）
『変見自在　スーチー女史は善人か』高山正之著（2011年／新潮社）
『変見自在　朝日は今日も腹黒い』高山正之著（2020年／新潮社）
『中国と韓国は息を吐くように嘘をつく』高山正之著（2020年／徳間書店）
『日本の大逆襲―経済、防衛の超大国へ―』杉山徹宗著（2024年／ワニブックス）

参考資料一覧

『母の遺したもの：沖縄・座間味島集団自決の新しい証言』宮城晴美著（2000年／高文研）
小名木善行ねずさんと学ぶ会（ねずさんブログ：R2.8.5）
小名木善行ねずさんと学ぶ会（ねずさんブログ：R2.8.27）
小名木善行ねずさんと学ぶ会（ねずさんブログ：R2.11.27）インパール作戦
小名木善行ねずさんと学ぶ会（ねずさんブログ：R3.5.25）
小名木善行ねずさんと学ぶ会（ねずさんブログ：R3.8.29）
小名木善行ねずさんと学ぶ会（ねずさんブログ：R3.12.10）マレー海戦

著者プロフィール

古居 雄一（ふるい ゆういち）

1959年愛知県生まれ。

1977年愛知県立碧南高等学校商業科卒。

大阪の木材会社（大弘産業株式会社）にて勤務後、1980年関西外国語大学入学、1982年から１年間ミネソタ州ハムリン大学に留学。

1984年関西外国語大学卒業。

1985年より34年間、愛知県立高校にて英語教諭として勤務。

2019年に定年退職。

著書に『邪道？イングリッシュのすすめ』（2023年、文芸社）がある。

日本の偉業 20世紀に日本がしでかしたこと

2024年12月15日　初版第１刷発行

著　者　古居 雄一
発行者　瓜谷 綱延
発行所　株式会社文芸社
〒160-0022　東京都新宿区新宿１－10－１
電話　03-5369-3060（代表）
03-5369-2299（販売）

印刷所　株式会社フクイン

ISBN978-4-286-25931-4